GraphQL

Dominik Kress ist Software Engineer mit Heimat im E-Commerce. In seiner langjährigen Arbeit bei der größten Retail-Gruppe Europas hilft er bei der Modernisierung der internationalen Onlineshop-Systeme. Bei der Transformation von einem klassischen On-Premise-Monolithen zu einer Cloud-basierten Self-Contained-Systems-Architektur entwickelte und vertiefte sich seine Liebe zum Thema APIs. Sowohl im Umfeld seiner Arbeit als auch in privaten Projekten probiert er sich leidenschaftlich gerne an neuen Technologien, Spezifikationen und Methodiken. Daher ist für ihn der Austausch von Wissen und Erfahrungen auf Veranstaltungen und Konferenzen, die er auch gerne selbst nebenbei organisiert, besonders wichtig.

Dominik Kress

GraphQL

Eine Einführung in APIs mit GraphQL

dpunkt.verlag

Dominik Kress

Lektorat: Melanie Andrisek
Copy-Editing: Claudia Lötschert, *www.richtiger-text.de*
Satz: Da-TeX Gerd Blumenstein, Leipzig, *www.da-tex.de*
Herstellung: Stefanie Weidner
Umschlaggestaltung: Helmut Kraus, *www.exclam.de*
Druck und Bindung: mediaprint solutions GmbH, 33100 Paderborn

Bibliografische Information der Deutschen Nationalbibliothek
Die Deutsche Nationalbibliothek verzeichnet diese Publikation in der Deutschen Nationalbibliografie; detaillierte bibliografische Daten sind im Internet über *http://dnb.d-nb.de* abrufbar.

ISBN:
Print 978-3-86490-784-5
PDF 978-3-96910-121-6
ePub 978-3-96910-122-3
mobi 978-3-96910-123-0

1. Auflage 2021

Wieblinger Weg 17
69123 Heidelberg

Hinweis:
Dieses Buch wurde auf PEFC-zertifiziertem Papier aus nachhaltiger Waldwirtschaft gedruckt. Der Umwelt zuliebe verzichten wir zusätzlich auf die Einschweißfolie.

PEFC zertifiziert
Das Papier für dieses Buch stammt aus nachhaltig bewirtschafteten Wäldern und kontrollierten Quellen.
PEFC/04-31-0810 www.pefc.de

Schreiben Sie uns:
Falls Sie Anregungen, Wünsche und Kommentare haben, lassen Sie es unswissen: hallo@dpunkt.de.

5 4 3 2 1 0

Vorwort

Schon seit ich denken kann, fasziniert mich das Internet. Jemand am anderen Ende der Welt tippt etwas in seinen Computer, und ich bekomme diese Eingabe Tausende Kilometer entfernt zu sehen. Wie das genau funktioniert, war für mich schon immer eine der spannendsten Fragen.

Als ich dann irgendwann mit meinem Studium der Softwareentwicklung begann, konnte ich die Vorlesung »Verteilte Systeme« kaum abwarten. Doch als es endlich so weit war, kam die Ernüchterung: Das Internet bestand laut meinem Professor aus komplexen J2EE-Webservices, die gigantische XML-Strukturen über noch größere SOAP-Schnittstellen schieben.

Das hatte ich mir alles aufregender vorgestellt. Dabei liegt das Studium mit meinem Abschluss 2017 nicht mal in so ferner Vergangenheit. Doch gerade an Universitäten dreht sich die Zeit in einem ganz eigenen Rhythmus. Zum Glück half ein Hoffnungsschimmer, eigene Wege zu finden: eine Einführung in das Architekturmuster REST.

Diese eigenen Wege führten mich während meiner Bachelor-Arbeit über Schnittstellen in verteilten Systemen zu GraphQL. Da hatte ich es endlich: eine aufregend elegante Art, Applikationen – und damit Menschen – aus aller Welt zu verbinden.

Um diese Begeisterung zu teilen sowie anderen Anfängern bis fortgeschrittenen Webentwicklern zu zeigen, wie die Kommunikation zwischen Applikationen im Internet auch elegant funktionieren kann, habe ich dieses Buch geschrieben.

Für wen ist dieses Buch?

Dieses Buch ist für alle, die Interesse an Schnittstellen in verteilten Systemen und insbesondere an GraphQL haben. Die Motivation war, ein Grundlagenwerk zu schaffen, durch das man sowohl APIs im Generellen als auch GraphQL im Speziellen verstehen lernt.

Gerade in den ersten beiden Kapiteln wird daher zuerst das generelle Konzept erklärt – unabhängig von der GraphQL-Spezifikation. Vermittelt wird hier sowohl, was Schnittstellen in verteilten Systemen sind, als auch, worauf man bei ihrer Konzeption achten muss. Diese Kapitel richten sich ganz klar eher an Anfänger im Bereich der APIs.

Das Kapitel 1.4 über API-Technologien und -Spezifikationen im Vergleich mag auch für Fortgeschrittene interessant sein. Ansonsten ist für diese Zielgruppe ein Einstieg in Kapitel 3 ratsam.

Ab dort wird die API-Umsetzung anhand von GraphQL – und damit auch die Spezifikation selbst – ausgiebig vorgestellt. Neben den Möglichkeiten mit der Technologie werden auch Designempfehlungen und Implementierungsbeispiele sowohl mit JavaScript als auch mit Java vermittelt. Gerade für die letzten beiden Teile wird ein Grundlagenwissen in der Softwareentwicklung mit JavaScript und Java erwartet.

Was soll dieses Buch vermitteln?

Dieses Buch soll ein Grundlagenwissen schaffen. Ob man in der ersten Vorlesungsstunde des Kurses »Verteilte Systeme« eine modernere Alternative zu dem dort Vorgestellten sucht oder sich als fortgeschrittener Entwickler schlicht für GraphQL interessiert: Nach der Lektüre dieses Buches sollte sowohl verstanden sein, wie APIs mit GraphQL funktionieren, als auch, wie sie umgesetzt werden.

Die Implementierungsbeispiele der letzten beiden Kapitel dienen dabei als Boilerplate-Code, der gut zum Start eines eigenen Projekts mit GraphQL verwendet werden kann. Dessen Konzept zu verstehen und ihn weiterentwickeln zu können, ist das Ziel dieses Buches.

Inhaltsverzeichnis

1 API-Grundlagen

»APIs sind überall.«
Martin Reddy [46]

Wie der heutige Software-Engineering-Manager bei Apple, Martin Reddy, in seinem Buch *API-Design for C++* bereits passend bemerkte, umgeben uns APIs in der modernen Applikationswelt mehr denn je. Der allgemeine Trend, immer mehr Softwareprodukte als einzelne Komponenten zu verpacken und öffentlich oder intern zur Verfügung zu stellen, wird vor allem deutlich, wenn man online nach API-Verzeichnissen Ausschau hält .

Die Onlineplattform ProgrammableWeb [44] verwaltet so ein Verzeichnis bereits seit 2005 und kann seitdem ein durchschnittliches Wachstum von fast 2.000 neu registrierten APIs pro Jahr verzeichnen [49].

Doch wieso gibt es in den letzten Jahren einen derart hohen Anstieg an registrierten APIs? Um diese Frage beantworten zu können, hilft es, sich mit den Grundlagen des Konzepts Application Programming Interface vertraut zu machen.

In diesem Kapitel wird die Frage beantwortet, was ein API eigentlich ist und welche Vorteile es bietet. Neben einer klaren Definition des Begriffs, wird auch ein Einblick in drei technische Umsetzungen Teil dieses Kapitels sein. Das Kapitel ist für Entwickler bestimmt, die sich vorher noch nicht oder nur wenig mit dem Thema API beschäftigt haben oder Grundlagen auffrischen möchten.

1.1 Was ist ein API?

API steht für *Application Programming Interface* – oder auf Deutsch: *Anwendungs-Programmier-Schnittstelle*. Die Idee des API ist schon relativ alt: 1952 formulierte David Wheeler, Informatikprofessor an der Universität Cambridge, einen Leitfaden zum Extrahieren einer Subroutinen-Bibliothek mit einheitlichem, dokumentiertem Zugriff [59]. Mit dieser Arbeit legte er den Grundstein für die Idee heutiger APIs.

Der Begriff selbst kam zum ersten Mal in einem Konferenzbeitrag von Ira Cotton und Frank Greatorex auf der *Fall Joint Computer Conference* im Jahr 1968 auf [13]. Darin erweiterten sie die Idee von David Wheeler insofern, als dass die Implementierung und Schnittstelle der Subroutinen-Bibliothek konzeptionell voneinander zu trennen sind. Somit kann die logische Komponente ohne Einfluss auf den Benutzer der Schnittstelle ausgetauscht werden.

> *»APIs sind wie User Interfaces – nur mit anderen Nutzern im Fokus.«*
> David Berlind [8]

APIs sind wie Nutzer-Schnittstellen, nur für andere Nutzer konzipiert, so Berlind. Während ein User Interface (UI) die Interaktion eines Menschen mit dem System ermöglicht, soll ein API anderen Systemen diese Interaktionen gewähren. Es ist also anders als eine UI kein *»human-readable interface«*, sondern ein *»machine-readable interface«*.

In einem abstrakten Beispiel kann man sich ein API als Steckdose vorstellen. Computer, Staubsauger, Mixer, Toaster – ganz unterschiedliche Geräte nutzen den Service »Strom« des Serviceanbieters »Steckdose« für verschiedene Zwecke. Dadurch werden diese Geräte Konsumenten eines Service über einen einheitlichen Serviceanbieter.

Damit dieser Zugriff der unterschiedlichen Systeme auf dieselbe Steckdose funktioniert, müssen bestimmte und bekannte Muster, wie die Geräte verbunden werden können, sowie genaue Spezifikationen des angebotenen Service vorliegen.

Die genaue Spezifikation des Service hinter der Schnittstelle Steckdose ist dabei, wie in Abbildung 1–1 zu sehen, bestimmt von Daten, wie etwa 230 V Spannung auf 16 A Stromstärke. Das stellt die Art des Service dar, legt also fest, was genau über das API versendet wird, und definiert seine Repräsentation – also in welcher Form der Service im System des Servicenutzers integriert werden kann.

Die Form der Steckdose legt dabei fest, wie genau ein Nutzer den Service ansprechen muss, um die entsprechende Repräsentation des Stroms integrieren zu können. Die Steckdose ist daher in diesem Beispiel die eigentliche Schnittstelle – also das API. Die Form ist seine technische Umsetzung. Wie im Beispiel von Abbildung 1–1 können dabei mehrere gleiche Steckdosenformen eine Abstraktion für unterschiedliche Servicespezifikationen sein. Repräsentation und technische Umsetzung sind also unabhängig voneinander.

Wie bei der Steckdose bietet auch das API einen Service, der von unterschiedlichen Konsumenten in genau spezifizierter Form – also Repräsentation – über eine genau definierte Schnittstelle angefordert und aus-

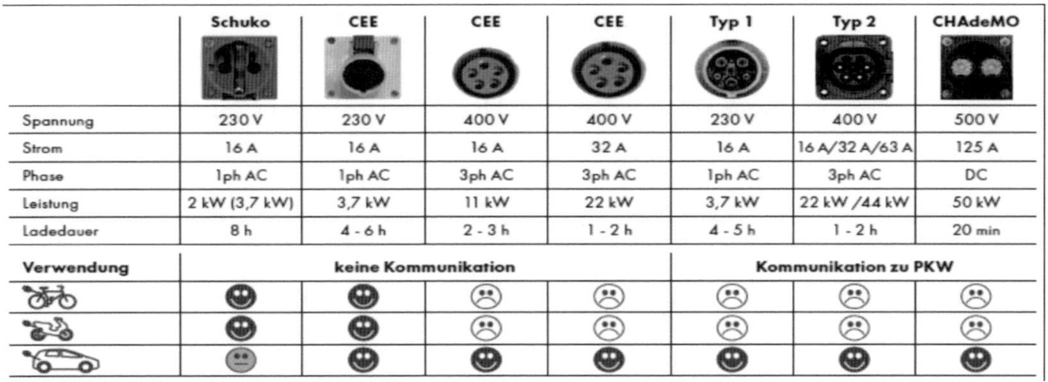

	Schuko	CEE	CEE	CEE	Typ 1	Typ 2	CHAdeMO
Spannung	230 V	230 V	400 V	400 V	230 V	400 V	500 V
Strom	16 A	16 A	16 A	32 A	16 A	16 A/32 A/63 A	125 A
Phase	1ph AC	1ph AC	3ph AC	3ph AC	1ph AC	3ph AC	DC
Leistung	2 kW (3,7 kW)	3,7 kW	11 kW	22 kW	3,7 kW	22 kW /44 kW	50 kW
Ladedauer	8 h	4 - 6 h	2 - 3 h	1 - 2 h	4 - 5 h	1 - 2 h	20 min
Verwendung	keine Kommunikation				Kommunikation zu PKW		

Abb. 1-1
Unterschiedliche Steckdosenspezifikationen für die Elektromobilität [52]

geliefert werden kann. In der Anwendung sind das beispielsweise geografische Kartendaten bei Google Maps als Service, die in einer Webseite oder mobilen Applikation für die Anzeige eigener Karten konsumiert werden.

1.2 Vorteile eines API

Doch wieso hat sich die Steckdose in unseren Haushalten so etabliert? Wieso ist das API eine immer wiederkehrende Erscheinung, die sich langsam aber stetig als ein Standard in unserer Applikationswelt etabliert? Wieso sollte man als Stromanbieter seinen Nutzern Steckdosen zur Verfügung stellen?

1.2.1 Flexibilität für Anbieter und Konsument

Eine Steckdose ist bequem. Mit ihr kann sich ein Hersteller von Toastern auf die Entwicklung des Toasters konzentrieren, ohne sich dabei Gedanken über die Herkunft des Stroms machen zu müssen. Solange er die standardisierte Schnittstelle der Steckdose benutzt, wird dieser ihm vom Anbieter auf vereinbarte Weise geliefert.

Für den Anbieter des Stromes heißt das auch, dass er sich ebenso keine Gedanken über die Integration seines Services in die Systeme der Nutzer machen muss. Er stellt ihn lediglich in bekannter Form, direkt an der Schnittstelle zur Verfügung und kann dahinter wesentliche Teile des Stromnetzes – wie die Quelle des Stroms oder die Farbe der Stromkabel – verändern, ohne dabei die Konsumenten funktionsuntüchtig zu machen. Zwischen Stromanbieter und -abnehmer findet also eine Entkopplung statt.

1.2.2 Einheitliches Design und Funktionen

Durch die große Beliebtheit mobiler Endgeräte bieten die meisten Unternehmen ihre Daten und Funktionen nicht nur auf ihrer Webseite an. Eine Kundenbindung über unterschiedliche Kanäle ist ein gängiges Geschäftsmodell für moderne Unternehmen.

Den eigenen Service über ein API zur Verfügung zu stellen, kann dabei helfen, diesen auf diverse Kanäle zu transportieren. Die lose Kopplung der Schnittstellen ermöglicht, die gleichen Daten und Funktionen an verschiedene Abnehmer zu verteilen und dadurch sowohl auf mobilen Endgeräten, der Webseite, bis hin zu Smarthome-Geräten den Endnutzern ein einheitliches Design und dieselbe Funktionsweise zu bieten.

1.2.3 Neue Geschäftsfelder

Vor einigen Jahren machte Amazon seine ersten Umsätze durch den Onlineversand von Büchern. Mittlerweile gilt das Unternehmen als einer der größten IT-Giganten unserer Zeit. Möglich wurde das nicht durch die Aufnahme zusätzlicher Waren in den Shopkatalog, sondern durch ein Umdenken in der Firmenkultur. Als Produkt werden mittlerweile nicht nur die Waren im Onlineshop gesehen, sondern Services, die Amazon zusätzlich bieten kann.

Diese unter dem Namen Amazon Web Services (AWS) zusammengefassten Dienste bieten von Webhosting über Cloud-Services eine breit gefächerte Auswahl an Produkten über eine Vielzahl von APIs an, die Amazon bereits für interne Zwecke benötigt. Diese über eine Schnittstelle nach außen zu tragen, verbreiterte also die Geschäftsfelder des Unternehmens signifikant. Unter anderem konnte durch das Anbieten dieser Services mit Netflix ein weiteres milliardenschweres Unternehmen als Kunde gewonnen werden.

Ähnlich kann der Entwickler eines E-Mail-Diensts diesen entweder individuell in das System jedes einzelnen Kunden integrieren, oder den Service über ein API allgemein entkoppelt zur Verfügung stellen. Damit können Firmen und Bereiche, die eventuell zuvor nicht als Kunden in Betracht gekommen wären, diesen Service selbstständig verwenden.

1.2.4 Innovationstreiber API

Zudem sind APIs Innovationstreiber. Sicher hätte bei Google niemand damit gerechnet, dass mit der Veröffentlichung ihrer Google-Maps-API eine Augmented-Reality-Anwendung Einzug in viele private Smartphones hält. Das Spielprinzip hinter dem von Niantic entwickelten Mobile Game Ingress [35] ist spätestens seit dem Hype um Pokemon Go im Jahr 2016 [36] bekannt: mit dem Smartphone auf einer echten Karte der Umgebung und mit einer Augmented-Reality-Funktion der Kamera bestimmte Spielziele erfüllen. Öffentliche APIs ermutigen Entwickler, mit dem angebotenen Service ganz neue Wege zu beschreiten. Es findet auch hier eine Erweiterung der Geschäftsfelder und somit eventuell der Einnahmequellen des Anbieters statt.

1.3 API: Die Definition

Was genau veröffentlicht ein API-Anbieter? Was integriert ein API-Konsument in seine eigenen Systeme? Was sind eigentlich API-Anbieter, API-Konsumenten, und was unterscheidet sie? Um diese Fragen zu beantworten, bedarf es klarer Definitionen von APIs und deren Akteuren.

1.3.1 API-Vertrag

Wie bereits erwähnt, sind APIs wie Steckdosen: eine Abstraktion eines bestimmten Service, mit dem sich verschiedene Konsumenten in einer genau festgelegten Art verbinden können. Außer in einer Smarthome-Umgebung sind die Konsumenten eines API jedoch selten Toaster, sondern andere Programme, die die Funktionen des API nutzen oder integrieren möchten.

Martin Reddy verfasste 2011 eine kurze, allgemeine Definition von APIs [46]. Laut Reddy bieten APIs eine Abstraktion für ein Problem und spezifizieren, wie Benutzer mithilfe von Softwarekomponenten, die eine Lösung des Problems implementieren, interagieren sollen. Reddy spricht also davon, dass ein API aus mindestens zwei Teilen besteht: zum einen einer Abstraktion, die hilft, ein genaues Problem zu lösen, zum anderen die Spezifikation, wie mit ihr zu interagieren ist. 2014 ging Joshua Bloch auf Basis dieser Definition noch etwas tiefer ins Detail:

> *»Ein API spezifiziert die Operationen sowie Ein- und Ausgaben einer Softwarekomponente. Ihr Hauptzweck besteht darin, eine Menge an Funktionen unabhängig von ihrer Implementierung zu definieren, sodass diese Implementierung variieren kann, ohne die Benutzer der Softwarekomponente zu beeinträchtigen.«*
> Joshua Bloch [9]

Bloch sieht somit ebenfalls sowohl eine Abstraktion von Funktionen als auch die genaue Spezifikation der Interaktion mit ihr als Teile des API, legt jedoch noch besonderen Wert auf die Trennung von Implementierung und der eigentlichen Schnittstelle.

Daniel Jacobson, Greg Brail und Dan Woods ziehen ähnliche Schlüsse und erarbeiten in ihrem Werk *APIs – A Strategy Guide* [37] folgende, ausführliche Definition für APIs:

API-Definition von Daniel Jacobson, Greg Brail und Dan Woods

Ein API ist ein Weg für zwei Computer, miteinander über ein Netzwerk (überwiegend das Internet) mit einer gemeinsamen Sprache, die beide verstehen, zu kommunizieren. APIs haben bestimmte Eigenschaften:

- Der API-Anbieter beschreibt exakt, welche Funktionalität das API anbietet.
- Der API-Anbieter beschreibt, wann die Funktionalität verfügbar ist und wann sie möglicherweise inkompatibel verändert wird.
- Der API-Anbieter kann zusätzliche technische Beschränkungen des API skizzieren, beispielsweise Zugriffsraten und -grenzen, die kontrollieren, wie oft eine spezifische Anwendung, oder ein Endnutzer es innerhalb einer Stunde, eines Tags oder eines Monats benutzen darf.
- Der API-Anbieter kann zusätzliche rechtliche oder geschäftliche Beschränkungen zur Benutzung des API skizzieren, beispielsweise markenschutzrechtliche Einschränkungen oder Arten der Benutzung.
- Entwickler akzeptieren, das API so zu nutzen, wie es vom API-Anbieter beschrieben ist, und benutzen nur die Teile, die er beschrieben hat, nach den Regeln, die von ihm für die Nutzung festgelegt wurden.

Diese Auflistung an Rechten und Pflichten von API-Anbietern und konsumierenden Entwicklern sichert die Funktionsfähigkeit der Schnittstelle und wird deshalb auch seiner Form entsprechend *API-Vertrag* genannt. Dabei handelt es sich nicht etwa um ein festgelegtes Schriftstück, sondern um einen Begriff für die Erwartungshaltung des Entwicklers sowie das Versprechen des API-Anbieters über das dokumentierte Verhalten des API.

Bricht der API-Anbieter ein Verhaltensmuster des API, indem er zum Beispiel eine bestimmte Objektrepräsentation ändert, bricht er damit den API-Vertrag und stört meist auch die Funktionalität der gegen das API entwickelten Applikationen.

1.3.2 Die Akteure eines API

Mit dem API-Anbieter und konsumierenden Entwicklern wurden bereits zwei Akteure bei der Verwendung eines API genannt. Es gibt in diesem Kontext also unterschiedliche Rollen.

Der *API-Anbieter* ist zumeist – aber nicht immer – auch der *Besitzer des Service*. Der Service wäre im bekannten Steckdosen-Beispiel der Strom und sein Besitzer daher der Stromanbieter. API-Anbieter wäre derjenige, der die Steckdose bereitstellt – also der Hauseigentümer. Mit dem Google-Maps-API wäre bei einem anderen Beispiel Google sowohl der Besitzer des Service – also dem Kartendienst – als auch der API-Anbieter.

Der *Entwickler* ist sozusagen der Gegenpart zum API-Anbieter, also der API-Konsument. Dieser entwickelt Applikationen mithilfe der Daten und Funktionen des API. Er verwendet direkt die Schnittstelle, ist somit der primäre Konsument.

Die Applikationen des Entwicklers werden letztendlich einem *Endnutzer* zur Verfügung gestellt, der Interesse an den Daten und Funktionen des API hat, jedoch nur indirekt über die Applikationen mit diesen Daten und Funktionen interagiert. Endnutzer sind also die sekundären Konsumenten und meist die eigentliche Motivation für die Entwicklung einer Schnittstelle.

Mehr Informationen zu den Akteuren im Umfeld einer API finden sich in Kapitel 2.1.

1.3.3 Release-Arten von APIs

Der API-Anbieter hat volle Kontrolle darüber, wer sein API benutzen darf und wer nicht. Laut Daniel Jacobson, Greg Brail und Dan Woods [37] kann man von zwei verschiedenen Arten von APIs ausgehen: *privat* und *öffentlich*.

Öffentliche APIs sind für alle Entwickler nahezu ohne Einschränkungen und vertragliche Vereinbarungen mit dem API-Anbieter über ein offenes Netzwerk frei verfügbar. Hierzu zählen die großen und bekannten APIs, etwa von Twitter [58] oder Facebook [16].

Private APIs stellen laut dem CEO von Runscope, John Sheehan, den größten Teil der API-Welt [11]. Öffentliche APIs seien dabei höchstens die Spitze des Eisbergs, während Unternehmen heute sicher achtmal mehr private, als öffentliche APIs entwickeln. Das Konzept des privaten API muss dabei jedoch noch unterschieden werden zwischen *internen* und *Partner-APIs*.

Interne APIs befinden sich meist in abgeschlossenen Netzwerken und sind lediglich für die unternehmenseigenen Entwickler verfügbar. Partner-APIs dahingegen lassen auch zuvor vertraglich geregelte Zugriffe von (externen) Partnerentwicklern zu. Durch die geringere Zahl von Konsumenten können private oder nur für Partner veröffentlichte APIs besser an deren Wünsche und Bedürfnisse angepasst werden.

Die meisten Unternehmen beginnen mit der Entwicklung eines privaten API und veröffentlichen dann nach und nach Teile dessen – entweder erst für Partner oder gleich komplett öffentlich. Das funktioniert recht einfach, da sich öffentliche und private APIs inhaltlich sowie meist auch technisch nicht unterscheiden. Es liegen jedoch einige Unterschiede bei der Bereitstellung des APIs vor. Private Schnittstellen müssen sicherer verschlüsselt und deren Nutzung authentifiziert werden. Öffentliche APIs hingegen benötigen eine bessere Dokumentation und mehr Vorsicht bei der Wartung. Sollte man die Veröffentlichungsart des API verändern wollen, muss man beachten, dass sich damit auch die Prioritäten ändern, worauf man im Umfeld der Bereitstellung des API besonders Wert legen sollte.

Weitere Informationen zur privaten und öffentlichen API finden sich in Kapitel 2.2.1 sowie 2.2.2.

1.4 Mögliche API-Technologien und -Spezifikationen

Nun stellt sich die Frage, wie genau eine Umsetzung oder Implementierung von APIs aussieht.

Es gibt mittlerweile eine Vielzahl von Paradigmen, Spezifikationen, Frameworks und Technologien, um ein API zu gestalten und zu implementieren. Um eine grobe Einordnung der Vielfalt zu bekommen, lohnt sich ein Blick zurück auf die Geschichte von APIs.

1.4.1 Geschichte der Remote Execution

Schon seit der Entdeckung des Prinzips, ein Netzwerk durch die Verbindung zweier oder mehrerer Computer zu erzeugen, gibt es einen großen Bedarf daran, die Kommunikation dieser Maschinen zu optimieren. Die ersten Betriebssysteme Unix, Linux und Windows verfügten bereits über interne Protokolle für die verteilte Kommunikation. Doch die Herausforderung lag darin, ein generelles Framework für Entwickler zur Verfügung zu stellen.

Die 1990er- bis 2000er-Jahre

Als in den 1990ern TCP/IP zum Standard für Netzwerkkommunikation wurde, verschob sich der Fokus auf plattformübergreifende Interaktion. Eine Maschine konnte unabhängig vom Betriebssystem auf einer anderen Maschine eine Aktion initiieren.

Die COBRA-Bibliothek mit Protokollen und Algorithmen, Microsofts Distributed-Component-Object-Model-(DCOM-) Komponente oder die Java Remote Method Invocation (Java RMI) sowie andere

Konzepte und Frameworks konnten als entwicklerfreundliche Abstraktionsschicht über der Kern-Netzwerk-Infrastruktur verwendet werden. Diese ersten Versuche, technologieunabhängige Kommunikation für maximale Reichweite in einem Cross-Plattform-Netzwerk zu entwickeln, war ein wichtiger Schritt in Richtung der heutigen Client/Server-Architektur.

Anfang der 2000er erfolgte dann die erste Evolution des World Wide Web, wie wir es heute kennen. HTTP etablierte sich dabei vom De-facto-Standard zum offiziellen Standard für die Netzwerkkommunikation. Vor allem mit der Kombination von HTTP und XML hatten Entwickler auf einmal ein selbstbeschreibendes, sprachen- und plattformunabhängiges Framework für die Kommunikation zur Verfügung.

Die Standardisierung dieses Frameworks erfolgte unter dem Namen Simple Object Access Protocol, kurz SOAP. Das ist eine Messaging-Protokoll-Spezifikation für den Austausch von strukturierten Informationen über das HTTP in einem Netzwerk aus verbundenen Webservices. Die Informationsstruktur wird dabei durch die Web Service Definition Language (WSDL) definiert, einem spezifischen XML-Format. Nun hatten Entwickler endlich Interoperabilität über alle Plattformen und Runtimes hinweg.

Das Web 2.0

Als nächster Schritt erfolgte die Entwicklung des Web hin zum sogenannten *programmable Web* oder auch Web 2.0. Es schoben sich statt einfacher, statischer Webseiten immer mehr Webanwendungen mit komplizierterer Architektur ins Internet. Die Interaktion des Nutzers mit der eigenen Webseite war der neue Fokus. Um diese Interaktionsmöglichkeiten zu bieten, war mehr Kommunikation zwischen Clients und Servern nötig. Die Schnittstellen, über die kommuniziert wurde, gewannen entsprechend deutlich an Bedeutung.

Im Vergleich mit der durch SOAP sehr restriktiven Netzwerkkommunikation über WSDL-XML und HTTP kam mit dieser größeren Bedeutung von APIs der Wunsch nach einem freieren Standard auf. Schon in der Webentwicklung wurden JavaScript und der Datenbeschreibungsstandard JavaScript Object Notation (kurz JSON) aufgrund der Freiheit und Flexibilität, die diese Technologien boten, immer beliebter. Der Wunsch lag nahe, diese Vorteile auch auf APIs auszudehnen. Als Resultat löste JSON letztendlich XML als Kommunikationsformat über HTTP ab.

Die Kombination von JSON und HTTP führten zu verschiedenen Interpretationen der Dissertation *Architectural Styles and the Design of*

Network-based Software Architectures [21] des Netzwerkarchitektur-Pioniers Roy Fielding aus dem Jahre 2000. Diese werden heute generell als REST APIs zusammengefasst.

SOAP wurde seitdem nur noch für große Unternehmen verwendet, deren Systeme auf diesen Restriktionen basieren. Für moderne Neuentwicklungen wurde hingegen REST bevorzugt.

Heute und in Zukunft

Heutzutage, man könnte sagen »nach der Web-2.0-Revolution«, warten schon wieder neue Herausforderungen. Während im Web 2.0 Client-Server-Kommunikation und Webapplikationen der Hauptfokus waren, ist heute Microservices das Buzzword schlechthin. Aus dem Architekturstil, Applikationen immer verteilter zu entwickeln, folgt natürlich auch ein Anstieg der Kommunikation zwischen den Applikationen oder kleineren, eigenständigen Einzelteilen einer einzigen.

Auch das nächste große Buzzword ist nicht weit entfernt: das Internet of Things. Der Trend, immer mehr Alltagsgegenstände um eine Rechnerfunktionalität zu erweitern und miteinander zu verbinden, wird auch in Zukunft dafür sorgen, dass Schnittstellen zur Kommunikation zwischen verteilten Applikationen an Bedeutung gewinnen.

Da HTTP entwickelt wurde, um die Cross-Plattform-Kommunikation des Internets zu optimieren, muss die Frage gestellt werden, ob es sich hierbei immer noch um den optimalen Weg der Kommunikation innerhalb unserer verteilten Systeme handelt. Die erneut relevante Suche nach der Verbesserung dieser Kommunikation kann wieder zu neuen Innovationen führen.

Auch künftig werden die diversen Interpretationen von REST wohl die am weitesten verbreitete API-Art im Netz sein. Aber große Firmen und kleinere Communitys arbeiten schon an und mit neuen potenziellen Standards. Die Breite an Alternativen der Technologien und Konzepte war jedoch noch nie so groß. Von Googles gRPC, das das Grundkonzept von SOAP wiederbelebt, über die vom Ember.js-Erfinder und Open-Source-Pionier Yehuda Katz entwickelte JSON:API-Spezifikation bis hin zu Facebooks GraphQL – es halten viele neue Namen Einzug in die API-Welt.

Daher folgt auf den nächsten Seiten eine Übersicht einiger dieser Möglichkeiten der technologischen Realisierung von APIs.

1.4.2 RESTful HTTP

REST steht für *Representational State Transfer* [21]. Es handelt sich dabei nicht um eine konkrete Technologie und keinen Standard, sondern vielmehr um einen Architekturstil oder ein Programmierparadigma, das 2000 von Roy Fielding in seiner Dissertation mit dem Titel *Architectural Styles and the Design of Network-based Software Architectures* konzipiert wurde.

REST ist ein Konzept, in dem Daten als Ressourcen gesehen werden. Diese können über eine eindeutige Adresse – eine URI – identifiziert werden und sind in einem spezifischen Format – nach Fieldings ursprünglicher Vision XML – repräsentiert. Eine Ressource kann sowohl ein einzelnes Objekt als auch eine Sammlung – also Collection – von Objekten sein (siehe Abbildung 1–2).

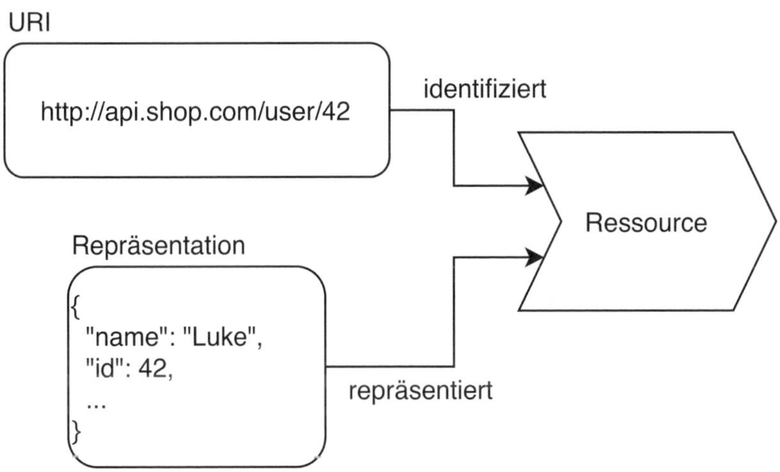

Abb. 1–2
Ressourcen, Repräsentation und URI im Zusammenhang

Kommunizieren kann der Client mit den Ressourcen bei einer RESTful API über HTTP und dessen Methoden. Diese sind POST, GET, PUT sowie DELETE und bilden die CRUD-Operationen (Create, Read, Update, Delete). Die Kommunikation findet dabei in einem Request/Response-Muster statt. Der Client stellt über die HTTP Methoden entsprechende Requests an die gewünschte Ressource des API, und der Server antwortet mit einer Response: bei einem lesenden Zugriff beispielsweise mit der Repräsentation dieser Ressource im Body der Response.

Ein Request auf solch ein RESTful API über die Konsole – mit einem sogenannten cURL-Befehl – würde beispielhaft dann wie folgt aussehen:

```
$ curl -X GET "https://api.shop.com/user/5"
```

Listing 1–1
REST GET Request

Hier fordert der Client einen lesenden Zugriff auf den User mit der ID 5. Auf diesen Request würde er nun vom Server folgende Response erhalten:

Listing 1–2
REST GET Response

```
< HTTP/1.1 200 OK
< Status: 200 OK
< Content-Length: 1782
< Content-Type: application/json
<
{"id":"5","username":"luke"}
```

Der HTTP-Statuscode zeigt an, dass der Request erfolgreich abgearbeitet wurde. Die Rückgabe enthält mit dem JSON-Objekt am Ende die Repräsentation der Ressource des Users mit der id = 5. Ähnlich funktioniert auch ein schreibender Request des Clients:

Listing 1–3
REST PUT

```
$ curl -X PUT "https://api.shop.com/user/5" -d
  '{"id":"5","username":"leia"}'
```

Bei diesem Beispiel handelt es sich um einen Request zum Überschreiben des Nutzers mit der id = 5. Die neue Objektrepräsentation wird im Request mitgeliefert und ersetzt serverseitig die bisherige Repräsentation der Ressource.

Ein weiterer Punkt in Fieldings Definition von REST – oder eher noch: sein Hauptaugenmerk bei der Architektur – war das sogenannte *Hypermedia as the Engine of Application State* oder auch *HATEOS*. Hierbei sollte der Zugriff des Clients lediglich auf einen initialen Endpunkt des Service beschränkt werden. Dieser hält neben der eigenen Repräsentation auch Verbindungen zu anderen Ressourcen bereit. Ein Client kann also alle möglichen Endpunkte dynamisch entdecken – ähnlich dem Durchklicken verschiedener Links auf einer Webseite.

HATEOS wird jedoch selten strikt durchgesetzt, weshalb nicht unbedingt Fieldings Vision von REST, sondern eher eine pragmatischere Interpretation heute als REST bezeichnet wird und weitläufig verbreitet ist.

1.4.3 JSON:API

JSON:API ist eine JSON-basierte API-Spezifikation mit dem Ziel, API-Calls effizienter zu gestalten. Genau wie REST ist es eine Kombination aus HTTP und JSON sowie einer Definition von Regeln und Standards für die Kommunikation. JSON:API hat einfache Ressourcen, die über einen Call gegen den definierten Endpunkt des Service abgerufen werden können.

```
GET /articles HTTP/1.1
Accept: application/vnd.api+json
```

Listing 1–4
JSON API Get Request

Als Response liefert der Server ein JSON-Dokument. Das hat eine definierte, erwartbare Struktur. So hält es ein Relationship-Objekt, das sowohl Informationen über die Beziehung der Ressource zu anderen Ressourcen hält, als auch weitere, einfache Informationen zur Beziehung. Ruft man den Link innerhalb der angegebenen Relation auf, erhält man die Repräsentation der in Beziehung zu ihr stehenden Ressource – ähnlich dem HATEOS-Prinzip bei REST.

```
// ...
{
  "type": "articles",
  "id": "1",
  "attributes": {
    "title": "The Force for Beginners"
  },
  "relationships": {
    "author": {
      "links": {
        "self": "http://example.com/articles/1/relationships/author",
        "related": "http://example.com/articles/1/author"
      },
      "data": {
        "type": "people",
        "id": "9"
  }}},
  "links": {
    "self": "http://example.com/articles/1"
  }
} // ...
```

Listing 1–5
JSON API Get Response

Zusätzlich bietet JSON:API jedoch eine für das Verbinden verschiedener Ressourcen extrem nützliche Funktionalität: *Compound Documents*. Dabei handelt es sich um die Repräsentation einer Ressource, die eine in Relation stehende Ressource inkludiert.

Somit kann im oberen Beispiel die Repräsentation des Artikels durch die Informationen des verlinkten Autors erweitert werden; ohne dass man dabei den Roundtrip eines zweiten Requests auf einen verlinkten Endpunkt machen muss.

Listing 1–6
JSON API Compound Document

```
// ...
{
  "data": [{
    "type": "articles",
    "id": "1",
    "attributes": {
      "title": "The Force for Beginners"
    },
    "links": {
      "self": "http://example.com/articles/1"
    },
    "relationships": {
      "author": {
        "links": {
          "self":
            ↪ "http://example.com/articles/1/relationships/author",
          "related": "http://example.com/articles/1/author"
        },
        "data": {
          "type": "people",
          "id": "9"
        }
      },
    }
  }],
  "included": [{
    "type": "people",
    "id": "9",
    "attributes": {
      "first-name": "Obi-Wan",
      "last-name": "Kenobi",
      "profession": "Jedi-Master"
    },
    "links": {
      "self": "http://example.com/people/9"
    }
  }],
} // ...
```

Dabei ist zu beachten: Das Relations-Objekt hält noch immer nur die ID des Autors, deren Repräsentation findet sich jedoch im `included`-Teil des Dokuments. Das ist wichtig, da bei multiplen Relationen auf dasselbe Objekt sonst eine hohe Redundanz entstehen würde. Generell kann man auch einfach im Request angeben, welche Relationen man in der Response inkludieren möchte. Dies gilt auch für eine Liste oder verschachtelte Ressourcenrelationen.

Ebenso kann die Repräsentation auf verschiedene Felder je Ressource verringert werden, um den Payload der Response noch weiter zu reduzieren. Solch ein flexibel gestalteter Request kann dann wie folgt aussehen:

```
GET /articles?include=author&fields[articles]=title,body
    &fields[people]=name HTTP/1.1
Accept: application/vnd.api+json
```

Listing 1–7
JSON API
Specified Request

Zudem bietet JSON:API noch die Möglichkeit für Paginierung, Sortierung und Filter im Request. Mit diesem Prinzip lässt sich also genau angeben, welche Ressource und deren Relationen in welcher Weise ausgegeben werden. Damit sind Ressourcen letztendlich nach ihren Relationen in Graphen abgebildet.

Auch für manipulative Funktionen wie das Erstellen, Ändern oder Löschen der Ressourcen kann man sich dieser Graphstruktur bedienen und mehrere Objekte in nur einem Request kaskadierend manipulieren. Man spart somit einige in klassischem REST sonst nötige Roundtrip-Requests.

1.4.4 gRPC

Mit gRPC versucht Google, eine neue Renaissance des Remote Procedure Calls einzuleiten. gRPC wurde dabei speziell für die Kommunikation zwischen Microservices entwickelt. Laut Aussagen des Unternehmens ist es ein modernes, leichtgewichtiges Kommunikationsprotokoll, ein hochperformantes, universelles Remote-Procedure-Call-Framework, das über diverse Sprachen und allen bekannten Betriebssysteme hinweg funktioniert. Und es ist dazu noch Open Source.

Kein Wunder also, dass gRPC einiges an Aufsehen erregt hat. Spätestens seit es in die von vielen großen Firmen unterstütze *Cloud Native Computing Foundation* aufgenommen wurde. Bereits CoreOS, Cisco und nicht zuletzt Netflix stützen ihre interne Kommunikation auf dieses API-Framework [24].

gRPC in der Verwendung

In gRPC deklariert man einen Service in einer technologieunabhängigen Interface Defintion Language. Hierbei nutzt gRPC jedoch nicht wie weitläufig verbreitet JSON oder das noch von SOAP im RPC-

Umfeld bekannte XML, sondern sogenannte *Protocol Buffers*. Eine solche Proto-Datei kann dann wie folgt aussehen:

Listing 1–8
Proto-Service-Definition-Beispiel

```
syntax = "proto3";

package com.rebel;

message Rebel {
  int64 id = 1;
  string name = 2;
  string ship = 3;
}

message GetRebelRequest {
  int64 id = 1;
}

message GetRebelsViaShip {
  string ship = 1;
}

service RebelService {
  rpc Get (GetRebelRequest)
      returns (Rebel) {}
  rpc GetRebelsViaShip (GetRebelsViaShip)
      returns (stream Rebel) {}
  rpc GetMostDangerousRebel (stream GetRebelRequest)
      returns (Rebel) {}
  rpc GetRebels (stream GetRebelRequest)
      returns (stream Rebel) {}
}

message RebelBase {
  string name = 1;
  map<int64, string> rebels = 2;
}
```

Aus diesen definierten Proto-Dateien generiert gRPC mithilfe des protoc-Compilers technologiespezifische Bindungen. Durch diese generierten *Stubs* kann der Client einfach Funktionen des Servers aufrufen, als wären sie Teil des Client-Codes. Die Protokolle des *Stubs* sorgen dafür, dass der Funktionsaufruf an den Server weitergegeben, verarbeitet und beantwortet wird.

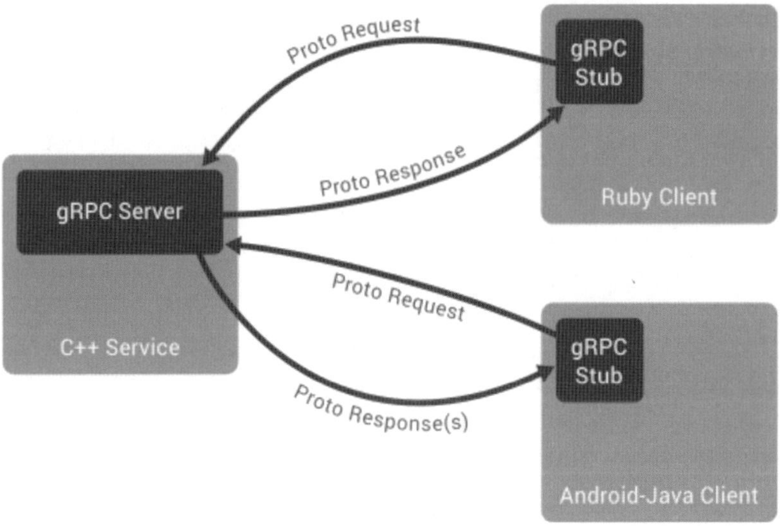

Abb. 1–3
Das gRPC-Konzept nach Googles gRPC-Guide [23]

Vor- und Nachteile von gRPC

Für den Transport von *Stub* zu Server nutzt gRPC zwingend HTTP/2. Dadurch genießt das Framework die vollen Vorzüge des verbesserten Protokolls, wie die Möglichkeit, mehrere Requests gebündelt über nur eine TCP-Verbindung zu versenden. Die Vorteile von HTTP/2 lassen sich aber beispielsweise bei REST APIs und in anderen API-Spezifikationen und Technologien umsetzen. Es ist daher kein exklusiver Vorteil für gRPC. Der Zwang zu HTTP/2 führt jedoch zu einem strikteren Einsatz des Protokolls und damit zu einer Garantie der Vorteile.

Abseits von HTTP/2 bietet gRPC jedoch einen weiteren klaren Vorteil gegenüber REST APIs: Streaming. Wie im Proto-Buffer-Beispiel in Listing 1–8 zu sehen, ermöglicht gRPC durch die Verbindung zwischen Server und `Stub` bidirektionales Streaming von Datenpaketen.

Auch der Wechsel zwischen asynchronen und synchronen Verbindungen ist recht einfach umgesetzt. Hinzu kommen Features wie Deadlines und Timeouts oder auch die Möglichkeit, einen Call durch Metadaten zu erweitern. Trotz Streaming bietet gRPC jedoch noch keine Möglichkeit zum Broadcasting von Echtzeit-Kommunikation. Für eine Chat-Applikation ist das API-Framework also nicht geeignet.

Ein klarer Nachteil von gRPC ist zudem, dass es Browser nicht nativ unterstützen. Mit gRPC-Web gibt es zwar bereits einen Wrapper und einen Webclient, um das Framework auch für den Browser zu verwenden, doch der Fokus liegt ganz klar auf der optimalen Kommunikation zwischen Microservices.

1.4.5 GraphQL

GraphQL wurde 2015 von Facebook für seine eigene Facebook-API veröffentlicht und ist die Spezifikation einer plattformunabhängigen Query-Sprache für APIs [19]. GraphQL dient als eine Art Übersetzer der Kommunikation zwischen Server und Client. Diese erfolgt wie bei REST über HTTP in einem Request-Response-Schema. Jedoch stellt das API nicht für jedes Objekt einen eigenen Endpunkt, den der Client für die entsprechende Ressource ansprechen kann. Vielmehr stellt ein GraphQL-API nur noch einen Endpunkt, über den der Client mit einem Request lesende Operationen über sogenannte Querys oder schreibende Operationen über Mutationen durchführen kann.

Das Graphenschema

Serverseitig muss hierfür ein graphenbasiertes Schema der Daten genutzt werden. Das kann wie folgt aussehen:

Listing 1–9
Graphenschema

```
type Query {
  hero: Character
}
type Character {
  name: String
  friends: [Character]
  homeworld: Planet
  species: Species
}
type Planet {
  name: String
  position: String
}
type Species {
  name: String
  lifespan: Int
  origin: Planet
}
```

Wie man an diesem Beispiel erkennen kann, verweist ein GraphQL-Schema von einem Objekttyp – also einer im Schema definierten Art eines Objekts – auf einen anderen Objekttyp, wenn es eine Beziehung der beiden zueinander gibt. Dieses Graphenschema ist sozusagen eine Sammlung aller Fragen, die ein Entwickler stellen könnte.

Die GraphQL-Querys

Requests für lesenden Zugriff stellt der Client über einen Query. Dieser kann wie folgt aussehen:

Listing 1–10
GraphQL Request Query

```
{
  hero (name="Luke Skywalker"){
    name
        homeworld {
          name
          position
        }
        species {
          name
          origin {
            name
}}}}
```

In diesem Fall wäre die Response vonseiten des Servers folgende:

Listing 1–11
GraphQL Response

```
{
  "hero": {
    "name": "Luke Skywalker",
    "homeworld": {
      "name": "Tatooine",
      "position"; "R-16"
    },
    "species": {
      "name": "human",
      "origin": {
        "name": "undefined"
}}}}
```

Ein Query ist eine klare Anfrage, welche spezifischen Informationen der Entwickler vom Server benötigt. Die Rückgabe enthält dabei bereits alle Informationen, auch wenn eine Anfrage Felder von mehreren Objekten benötigt. Anders als bei den einzelnen Ressourcen-Endpunkten von REST, können über einen einzigen Endpunkt alle relevanten Informationen abgerufen und modifiziert werden.

Die Querys für die lesenden Zugriffe können unter anderem, wie im oberen Beispiel mit dem Heldenname, (auch mehrfache) Parameter enthalten. Sie bieten Aliases, um mehrfach benötigte Teile der Daten unterschiedlich zu benennen, Fragmente, um Teile von sehr großen Querys in mehrmals aufrufbare Subquerys zu extrahieren, Variablen und auch Direktiven.

Mittlerweile gibt es viele Frameworks, die aus den definierten GraphQL-Schemas sowohl Client- als auch Servercode ableiten und automatisch generieren. Das erleichtert die Arbeit signifikant und unterstützt mit den definierten Schemas als API Contract den Contract-First-Ansatz.

1.4.6 Die Technologien im Vergleich

REST APIs sind und bleiben wohl auch noch für eine Weile der Standard im Web. Es ist ein einfaches, universelles und trotzdem sehr mächtiges Konzept. Doch in seiner einfachen Form ist es letztendlich auch etwas eingeschränkt.

Die JSON:API-Spezifikation geht einen Schritt weiter. Obwohl sie auch durch ihre Einfachheit besticht, legt sie eine ordentliche Portion Effizienz und Kommunikationsoptimierung oben drauf. Sie bleibt dabei jedoch – auch vom Umfang der Möglichkeiten – leichtgewichtiger als GraphQL mit seinen dedizierten Schemas.

GraphQL und gRPC bieten nahezu den vollen Umfang an möglicher Funktionalität in Sachen Kommunikation. GraphQL ist dabei eher Daten-, gRPC eher funktionsorientiert. Die Abbildung nahezu jeglicher Komplexität zieht jedoch einen Overhead nach sich: Ob nun die klare Schemadefinition in GraphQL oder die Proto-Buffer-Definitionen, beide Ansätze benötigen zusätzlichen Aufwand beim Erstellen der API-Struktur, damit sie eingesetzt werden können.

Fazit

Noch nie war die Breite an möglichen, durchdachten und eingesetzten Alternativen so groß wie derzeit. Dabei hat jede Lösung ihren eigenen, spezifischen Einsatzzweck. Deshalb ist es nicht unbedingt fair, zu sagen, eine Spezifikation, ein Framework oder eine Technologie sei besser als die andere.

Um eine möglichst ideale Lösung für das eigene System zu finden, muss man sich zuerst einmal bewusst werden, was die wichtigsten Kernanforderungen des eigenen Systems an die gewünschte Schnittstelle sind: Benötigt man eine einfache, aber flexible Lösung ohne viel Overhead? Dann ist man bei REST genau richtig. Liegt trotz etwas komplexerer Datenstruktur ein deutlicher Fokus auf Performanz? Dann findet man in JSON:API eine geeignete Spezifikation. Sind eher mächtige Funktionen als komplexe Daten wichtig? Dann wird man mit gRPC glücklich. Möchte man komplexe Daten sowohl einfach als auch sicher auslesen und manipulieren? Dann ist man bei GraphQL genau richtig.

2 Von der Idee zur Umsetzung

Ob die Veröffentlichung eigener Daten und Funktionen, die Bindung neuer Geschäftspartner, oder die Gewährleistung von Skalierbarkeit der Funktionen: Es gibt viele Gründe für ein API.

Die Herausforderung zu Beginn besteht jedoch darin, ein eindeutiges Geschäftsziel zu entwickeln. So schreiben auch schon Daniel Jacobson, Greg Brail und Dan Woods in ihrem Werk *APIs – A Strategy Guide*, dass sie bei ihrer Unternehmensberatung immer große Probleme sahen, wenn einer ihrer Kunden auf die Fragen »Für wen ist Ihr API?« und »Welche Funktionen bietet Ihr API« mit »Für jeden.« und »Alle Funktionen« antwortete [37].

Ein API ist keine rein technische Lösung. Bei der Entwicklung müssen auch die beteiligten Personen und Prozesse bedacht werden. Um den möglichen Erfolg der Schnittstelle zu messen, hat das 2016 von Google akquirierte Unternehmen für API-Management-Tools Apigee den Kompass in Abbildung 2–1 entwickelt. Der Kompass betrachtet die verschiedenen Geschäftsfaktoren von der Vision über die Führung und Finanzierung bis hin zum Team und dem Self-Service als Einflüsse auf die Qualität des API.

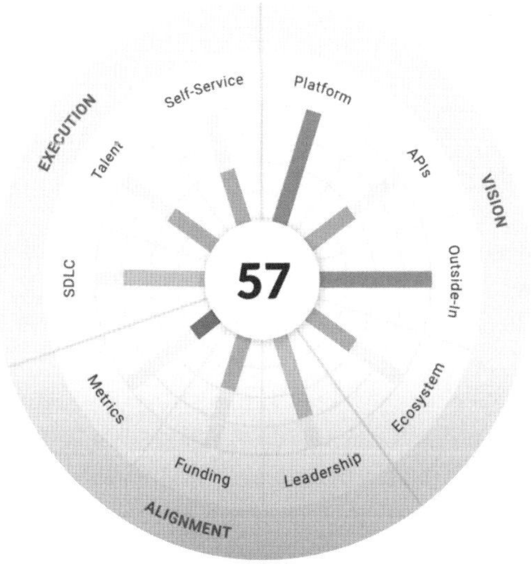

Abb. 2–1
Der Apigee-Kompass zur Bestimmung der API-Qualität [2]

Es soll eine Einschätzung liefern, welche Qualität das Entwicklungsumfeld – vor allem in der Denkweise – in einem Unternehmen für die nachhaltige Erstellung großer Schnittstellen-Ökosysteme hat. Diese Einschätzung leitet sich aus den zehn Fragen eines Fragenkatalogs ab (siehe Abbildung 2–2). Aus den Antworten ergibt sich eine Gesamtwertung auf einer Skala bis maximal 100, wobei 100 das ideale Umfeld zur Entwicklung und Bereitstellung von APIs ist. Sollte die Wertung darunter liegen, zeigen die grünen, gelben und roten Balken bei den jeweiligen Kategorien an, welche Bereiche schon gut und wo noch verbessert werden kann. Weitere Informationen zum Apigee-Kompass sowie den Fragenkatalog gibt es auf der Website von Apigee [2].

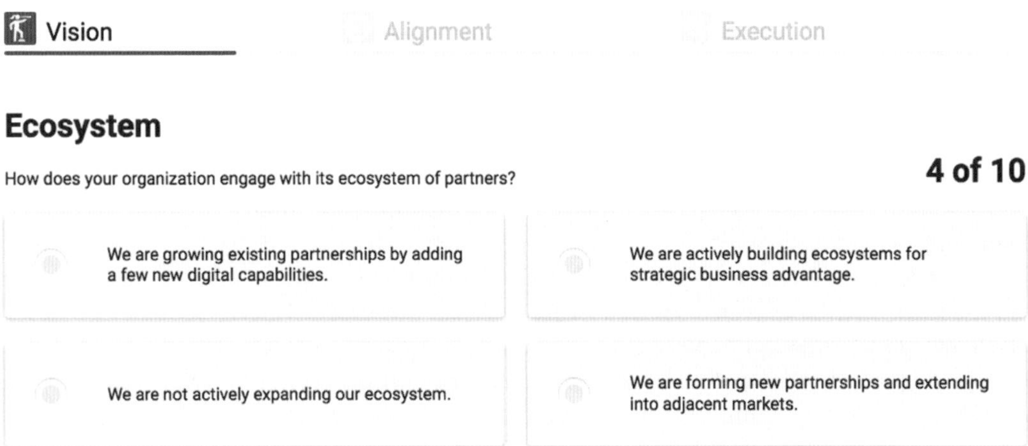

Abb. 2–2 *Fragen des Apigee-Kompasses zur Bestimmung der API-Qualität [2]*

Um diesen geschäftlichen Prozessen gerecht zu werden, widmet sich dieses Kapitel – bevor es an die technische Umsetzung des API geht – der zugehörigen Value Chain, erörtert, wie man in diesem Umfeld eine Produktstrategie ableitet und systematisch Anforderungen an das API bestimmt.

2.1 API Value Chain

Ein API ist ein indirekter Kanal, über den Daten und Funktionen von einem Anbieter über einen Entwickler zu einem Endnutzer gesendet werden. Das bedeutet also: Die Value Chain eines API hat klare Abhängigkeiten. Daraus ergeben sich verschiedene Probleme.

Anders als bei einem direkten Kanal, wie beispielsweise einer Webseite, in der Daten des Anbieters direkt dem Endnutzer angezeigt werden, benötigt der Anbieter bei einem API einen Partner, um die Endnutzer zu erreichen; etwa einen externen Entwickler.

Vergleichbar ist diese Abhängigkeit mit dem Verkauf von Lebensmitteln. Früher haben Kunden diese direkt von dem Bauern bezogen, der sie produzierte. Mittlerweile werden sie jedoch über den indirekten Kanal des Supermarktes erworben. Der Bauer ist also der Anbieter des Business Assets »Lebensmittel«, der diese indirekt über den Supermarkt an Endkunden verkauft. Abgeleitet von diesem Prozess gibt es also auch bei einem API unterschiedliche Rollen:

- **Business Assets:** Daten, Services, eben die Produkte des API, wie im vereinfachten Beispiel die Lebensmittel.
- **API:** Der Zugang zu den Business Assets, im Beispiel des Bauern also etwa ein Großhandel für Supermärkte.
- **Entwickler:** Diejenigen, die die Daten und Funktionen über das API für ihre Anwendungen benutzen, zum Beispiel die Supermärkte.
- **Applikationen:** Die Anwendungen, die mithilfe der Daten und Funktionen des API entwickelt wurden, also Angebote und das Sortiment in den Supermärkten.
- **Endnutzer:** Diejenigen, die die Daten und Funktionen des API über die Anwendung verwenden, also die Käufer der Lebensmittel.

Bereits bei der Auflistung lässt sich eine klare Abhängigkeit voneinander erkennen. Diesen Abhängigkeitsgraphen haben Daniel Jacobson, Greg Brail und Dan Woods in *APIs – A Strategy Guide* [37] verdeutlicht (siehe Abbildung 2–3).

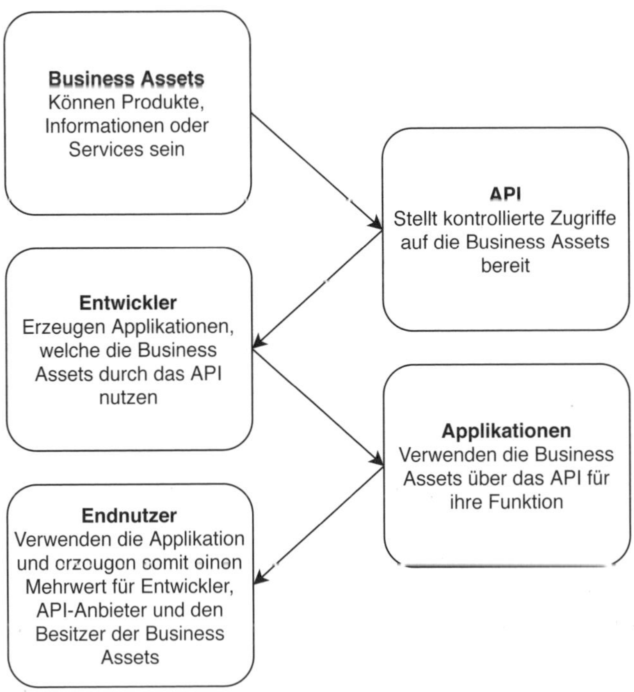

Abb. 2–3
Die API Value Chain nach Daniel Jacobson, Greg Brail und Dan Woods [37]

Damit all diese Akteure auch wirklich Ressourcen – ob nun Zeit oder Finanzielles – in das API investieren, muss man sich schon früh die Frage stellen: Was haben die unterschiedlichen Akteure jeweils davon, eine API anzubieten oder zu nutzen?

Eine Schnittstelle kann nur dann erfolgreich sein, wenn sie jedem innerhalb der Value-Chain – von Business-Assets-Besitzer, über API-Anbieter und Entwickler, bis hin zur Applikation und den Endnutzern – einen Nutzen bringt. Da man diesen jedoch nie für alle Entwickler und Endnutzer generieren kann, sollte man sich früh bewusst machen, wer genau die Zielgruppe ist und was deren Motivation sein wird, das API und damit die angebotenen Daten und Funktionen zu verwenden.

2.1.1 Geschäftsmodelle für private und öffentliche APIs

Um jedem Akteur innerhalb der API Value Chain einen Mehrwert anzubieten, haben sich unterschiedliche Geschäftsmodelle entwickelt. John Musser, Gründer von ProgrammableWeb, hat dabei auf der API Strategy Conference 2013 eine einfache, bereits aus dem Jahr 2005 stammende Kategorisierung dieser Modelle, unter die nahezu jedes API eingeteilt werden kann, vorgestellt [40] (siehe Abbildung 2–4).

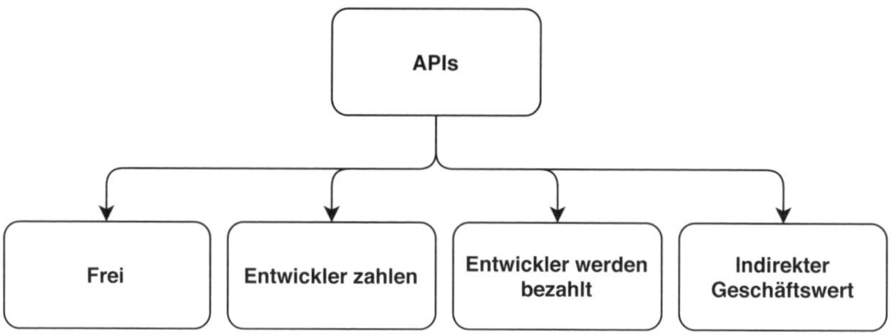

Abb. 2–4 *Einfache Standardeinteilung von API-Geschäftsmodellen nach Musser [40]*

Damit ordnet John Musser API-Geschäftsmodelle in folgende Kategorien:

- Freie und unbeschränkte Verwendung, wie bei Facebook
- Entwickler zahlen für die Verwendung, wie bei PayPal
- Der Entwickler wird für Transaktionen über die API bezahlt, hier zum Beispiel Amazons AdSense für Werbebanner
- Indirekter Geschäftswert, wie der Erwerb von speziellen Inhalten oder die interne Nutzung

Dieses einfache Modell aus dem Jahr 2005 wurde 2013 von ihm um weitere Details erweitert, wobei weitere Unterkategorien entstanden sind (siehe Abbildungen 2–5, 2–6 und 2–7).

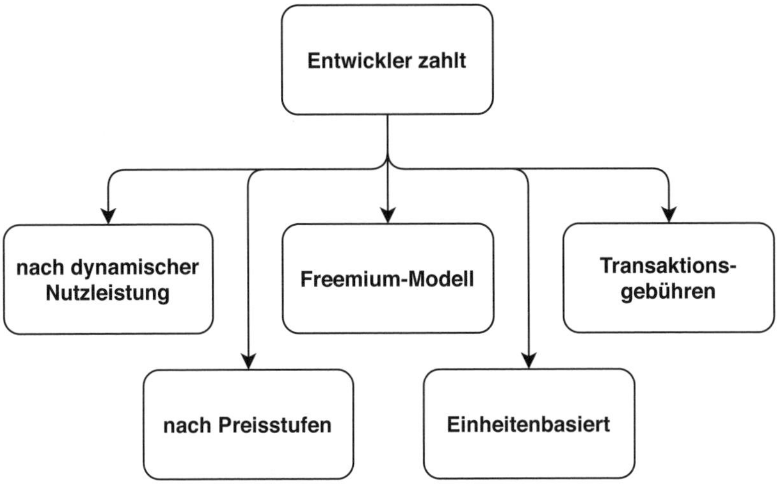

Abb. 2–5
Erweiterte Einteilung des »Entwickler zahlt«-Modells nach Musser [40]

Die Kategorie »Entwickler zahlt« in Abbildung 2–5 findet sich unter anderem in folgende Punkte aufgeteilt:

- Ein dynamisches Modell, bei dem je nach Nutzleistung gezahlt wird, wie bei den Amazon Services.
- Freemium: Ein Modell, bei dem die Nutzung bis zu einer gewissen Grenze kostenlos ist und oberhalb davon Kosten aufwirft, wie etwa bei Google Maps.
- Transaktionsgebühren: Falls über das API auf irgendeine Weise Geld oder anderer Wert transportiert wird, kann hierbei ein Anteil als Bezahlung anfallen, wie bei bei PayPal.

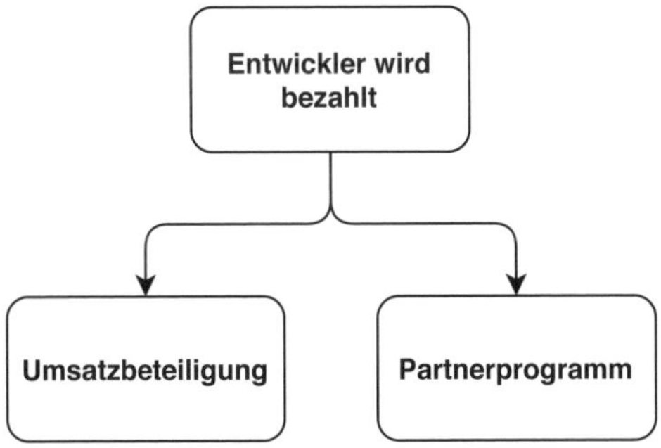

Abb. 2–6
Erweiterte Einteilung des »Entwickler wird bezahlt«-Modells nach Musser [40]

Das »Entwickler wird bezahlt«-Modell in Abbildung 2–6 kann in folgende Punkte unterteilt werden:

- Umsatzbeteiligung: Ein Teil des Einkommens durch die Verwendung des API wird geteilt, wie bei Googles AdSense.
- Partnerprogramm: Eine Partnerschaft zwischen API-Anbieter und konsumierendem Entwickler, etwa mit wiederholten oder einmaligen Zahlungen eines bestimmten Betrags. Alternativ ist eine Kosten-pro-Klicks- oder -Aktion-Abrechnung möglich. Letzteres ist üblich bei Diensten wie Amazons Produktvermittlung.

Abb. 2–7
Erweiterte Einteilung des »Indirekt«-Modells nach Musser [40]

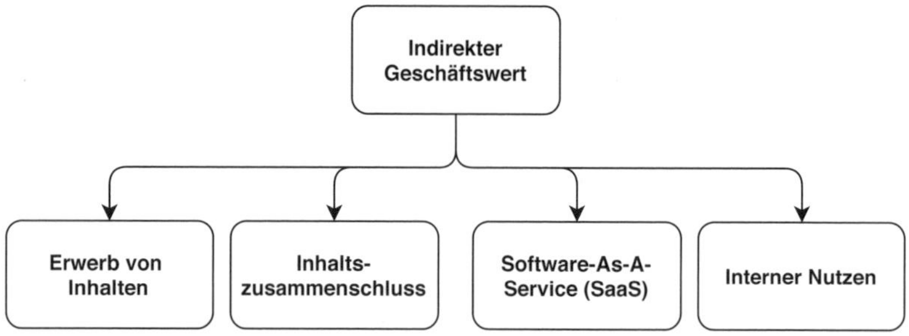

Die größte Kategorie in Abbildung 2–7, »Indirekt«, erhält in der erweiterten Unterteilung auch die meisten Unterkategorien. Diese sind unter anderem:

- Erwerb von Inhalten: Bei eBay oder Twitter ist es üblich, dass die Inhalte der Webseite von Drittanbietern, größtenteils über die API, gestellt werden. Hierbei bieten die API-Anbieter eine Plattform und Drittanbieter den Inhalt.
- Software as a Service (SaaS): Hinter dem Begriff steht das Bereitstellen von Software als Service, etwa bei Microsofts Office 365, bei dem die Software Word als Service im Browser verwendbar ist. Der API-Zugriff kann als Teil eines solchen SaaS-Bundles angeboten werden. Das ist bei der Salesforce-Plattform zum Beispiel der Fall.
- Inhaltszusammenschluss: Die Wiederverwendbarkeit der Informationen oder Services kann im Modell des Inhaltszusammenschlusses Motivation für ein API sein. Im Fall der New York Times ist der Bezug von Texten für die unterschiedlichen Plattformen und Kunden aus einer einzelnen Quelle die Motivation, also einem einzelnen Service.
- Interner Nutzen: Das wohl verbreitetste Geschäftsmodell ist die Verwendung des API für interne Zwecke. Sei es nun im Beispiel von Twitter zum Kunden gerichtet, um Applikationen mit eigenen Inhalten von externen Entwicklern erzeugen zu lassen, oder im Sinne nach innen gerichteten Microservices-Strukturen, um eigene mobile Anwendungen und Webseiten zu befüllen.

2.2 Release-Arten

Die meisten APIs starten als privates API und werden später zu Teilen oder komplett veröffentlicht. Es gibt jedoch auch Beispiele für die andere Richtung. So hatte Netflix das eigene API 2008 zwar für den öffentlichen Gebrauch freigegeben, 2014 jedoch die Verteilung der Zugriffstokens für externe Entwickler eingestellt und die API damit wieder in den privaten Status versetzt [48]. In dieser Zeit konnten mehrere externe Entwickler Applikationen entwickeln, die so erfolgreich waren, dass sie immer noch als Partner Zugriff zum nun privaten Netflix-API haben.

Ein Wechsel von öffentlich zu privat und vice versa ist also sehr wohl möglich. Doch Letzterer brachte auch schon bei Netflix einen großen, öffentlichen Aufschrei mit sich, da viele Applikationen von externen Entwicklern plötzlich nicht mehr unterstützt wurden. Man sollte also schon von Beginn an ein relativ klares Bild haben, welche Daten und Funktionen man veröffentlichen möchte und welche nicht.

Doch was ist der große Unterschied im Umfeld der Bereitstellung zwischen öffentlichen und privaten APIs? Was ist bei einer offen verfügbaren API anders zu beachten, als bei einer geschlossenen?

2.2.1 Private APIs

Die Besonderheit bei privaten APIs ist, dass Entwickler und API-Anbieter meist vom selben Unternehmen stammen oder zumindest vertraglich gebundene Partner sind. Applikationen werden entweder mit sensiblen Daten nur im internen Umfeld angeboten oder wie bei einem öffentlichen API nach außen, an externe Endnutzer, gerichtet.

Wichtig ist bei Letzterem jedoch, dass die Schnittstelle selbst nach außen hin abgeschirmt und geschützt ist. Entwickler, die gegen sie entwickeln, müssen bekannt sein. Diese Absicherung kann auf unterschiedlichen Wegen erfolgen.

Im internen Umfeld sind APIs meist durch ein nach außen geschlossenes Firmennetzwerk isoliert. Ein Anwendungsfall ist hierbei etwa das Monitoring verschiedener, sensibler Daten für das Management. So können bei einem Onlineshop die aktuellen Umsatzzahlen über ein internes API dem Fachbereich zur Verfügung gestellt werden. Oder die für das Sortiment zuständige Abteilung kann über eine Schnittstelle neue Produkte anlegen.

Vor allem wenn durch ein internes Team oder einen vertraglich gebundenen Partner eine mobile Applikation entwickelt wird, die auch für Kunden außerhalb des internen Firmennetzwerks verfügbar sein soll, ist diese Lösung jedoch nicht mehr ausreichend. Hier kann eine

Absicherung dadurch erreicht werden, dass die Verwendung des API einen API Key voraussetzt. Dieser individuelle, öffentlich nicht verfügbare Schlüssel kann die eigene Applikation authentifizieren und zum Zugriff auf das API autorisieren.

2.2.2 Öffentliche APIs

Der größte Unterschied zum privaten API liegt bei einem öffentlichen in der Verfügbarkeit von Daten und Funktionen hinter der Schnittstelle. Während ein privates API nach außen hin geschützt ist und nur durch bekannte Entwickler und Applikationen aufgerufen werden kann, ist der Zugriff beim öffentlichen API nahezu ohne Einschränkungen möglich.

Zwar kann es auch hier, je nach gewünschtem Business-Modell, gewisse Beschränkungen des Zugriffs geben, zum Beispiel Begrenzungen der Aufrufanzahl. Jedoch sind die Entwickler, die letztendlich das API konsumieren, in den seltensten Fällen bekannt. Die Daten und Funktionen hinter dem API stehen zur öffentlichen Nutzung zur Verfügung. Jeder Entwickler kann sie gemäß den vom Anbieter gesetzten Richtlinien in seine Applikationen integrieren. Im Umfeld eines Onlineshops könnten so beispielsweise über die Schnittstelle Produkte zum Kauf angeboten und von einem Entwickler für eine Kochrezepte-Applikation direkt innerhalb eines passenden Rezepts verlinkt werden.

Da nahezu jeder öffentlich verfügbare APIs aufrufen kann, sind diese besonders anfällig für Angriffe. Ob nun das System automatisiert durch gezielt gehäufte Aufrufe, etwa einem Denial-of-Service-Angriff gleich, zu belasten oder die angebotene Daten und Funktionen für geschäfts- oder imageschädigende Zwecke zu missbrauchen. Die möglichen Angriffsarten sind vielfältig. Deshalb empfiehlt es sich, selbst ein öffentliches API ähnlich dem privaten mit einem authentifizierenden API-Schlüssel zu versehen und nur Applikationen und Entwicklern mit gültigem Schlüssel Zugriff zu gewähren. Damit kann man Entwickler zwingen, sich mit einer Identität ins System zu registrieren, und hat so die Möglichkeit, auffällige Applikationen und Entwickler zu sperren.

2.3 Erste Schritte: Allgemeines Vorgehen

> *»Eine API ist das Ergebnis eines Prozesses mit vielen Iterationen.«*
> Kai Spichale [55]

Bevor man über die technische Umsetzung einer Lösung nachdenkt, muss man zuerst das genaue Problem kennen. Anforderungen sind dabei nicht immer leicht zu finden. Andrew Hunt und David Thomas fanden im Jahr 2000 in ihrem Werk *The Pragmatic Programmer: From Journeyman to Master* [34] den passenden Begriff: Anforderungen kann man nicht einsammeln, man muss sie ausgraben.

Oft wird vor allem in kleineren Projekten der Anforderungsentwurf lediglich durch eine Pseudocode-Skizzierung eines Entwicklers abgedeckt, der sogleich mit der technischen Umsetzung beginnen möchte. Wichtig ist aber eine ausgiebige Feedback-Schleife. So sei, laut Jaroslav Tulach, die erste Version der Anforderungen niemals perfekt [57].

Letztendlich sollte der Anforderungsentwurf strukturiert und durchdacht alle priorisierten Anforderungen darstellen. Je passender der Anforderungsentwurf in dieser Phase ist, desto weniger muss während der technischen Umsetzung ergänzt, angepasst oder gestrichen werden.

> *»Systematisch ermittelte Anforderungen minimieren das Risiko, das falsche System zu bauen.«*
> Kai Spichale [55]

Eine systematische Ermittlung der Anforderungen kann dabei über eine Identifikation der relevanten Use Cases erfolgen. Aus diesen lassen sich sowohl die funktionalen als auch die nicht-funktionalen Anforderungen [54] ableiten und spezifizieren. Die technische Umsetzung des API sollte diese Anforderungen erfüllen und kann an ihnen evaluiert werden. Daraus ergibt sich der Arbeitsablauf zum Identifizieren von Anforderungen in Abbildung 2–8.

2.3.1 Use Cases identifizieren

Use Cases sind die Abbildung eines Benutzerprozesses. Sie beschreiben, wie ein Akteur agiert und wie das System darauf reagiert, um ein bestimmtes Ziel zu erfüllen. Ein Use Case dokumentiert also das Verhalten des Systems auf eine bestimmte Aktion. Einzeln steht ein Use Case als Repräsentation einer oder mehrerer ähnlicher Szenarien.

Es kann sowohl formlos sein als auch, nach Alistair Cockburn [12], in einer sogenannten *Casual Version*, die kurz und informell ist, der

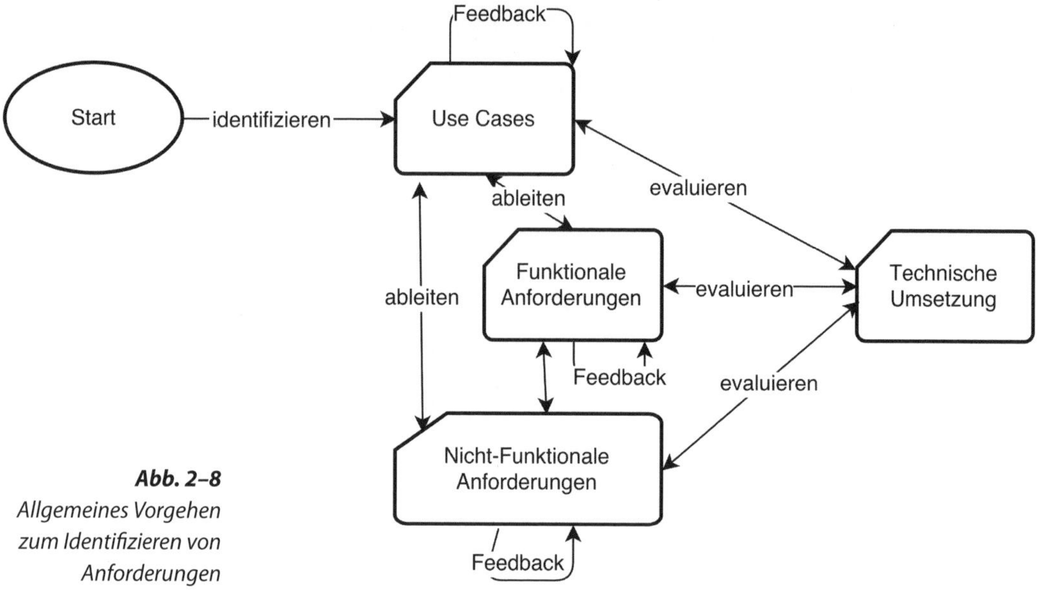

Abb. 2–8
Allgemeines Vorgehen zum Identifizieren von Anforderungen

Fully Dressed Version, einer stark strukturierten Form, oder aber in komplett individueller Form dargestellt werden. Wichtig ist dabei nur, dass der Use Case ein Ziel hat, einfach zu lesen ist und nicht zu viele Schritte umfasst.

Da Use Cases lediglich eine möglichst einfache und übersichtliche Aussage zu geplanten Reaktionen auf Nutzerinteraktionen treffen sollen, kann komplexe Backend-Logik nicht dargestellt werden. Eine Alternative zu textuellen Use Cases sind beispielsweise die Event-Response-Tabellen von Karl E. Wiegers [60].

In einem Onlineshop könnte man beispielsweise folgenden Use Case identifizieren:

Beispiel: Produkte finden

Ein Nutzer lädt sich die native Applikation auf sein Smartphone oder öffnet die Webseite und tippt auf der Startseite in das Suchfeld. Hier gibt er die Sucheingabe »Obst« ein und bekommt eine bestenfalls paginierte Auswahl an Produkten, die zu dieser Sucheingabe passen. Nun kann der Nutzer mit einem Klick auf eines der Produkte Details zu diesem mit Beschreibung, Preis und sonstigen, mit dem Produkt verbundenen Informationen, einsehen.

In Wiegers Event-Response-Tabelle würde dieses Szenario zu folgender Visualisierung führen:

ID	Event	System State	System Response
1	»Obst« in Sucheingabe bestätigen	Auf Shop-Startseite	Gibt Liste aller Produkte passend zur Sucheingabe aus
2	Klick auf einzelnes Produkt	Auf gefilterter Produktübersichtsseite – Suchergebnisse	Wechselt zur Detailansicht des angeklickten Produkts

Dieses Szenario setzt sich also auf Applikationsseite durch folgende Unterpunkte zusammen:

- Ein Nutzer möchte eine Übersicht von Produkten über einen Suchbegriff finden und ansehen.
- Ein Nutzer möchte eine Detailansicht eines einzelnen Produkts mit Beschreibung, Preis und sonstigen, mit dem Produkt verbundenen Informationen ansehen.

Somit lassen sich ganz eindeutig Anforderungen an die Applikation aus den Use Cases ableiten.

2.3.2 Funktionale Anforderungen

Nach der Identifikation der Use Cases können aus diesen die funktionalen Anforderungen des Systems abgeleitet werden. Dabei handelt es sich um die genaue Auflistung der Funktionalitäten, die die Schnittstelle bieten muss, um den Ablauf der identifizierten Use Cases gewährleisten zu können.

Eine einzelne funktionale Anforderung ist möglichst klein und einfach zu halten und muss ein exaktes Ziel haben. Wichtig sind technische Informationen, wie Parameter, zum Erreichen des Ziels.

Sollten widersprüchliche Anforderungen unterschiedlicher Nutzergruppen auftreten, müssen Kompromisse eingegangen werden, die die Einschränkungen fair auf die einzelnen, priorisierten Nutzergruppen verteilten, sodass idealerweise eine Lösung entsteht, die zwar für niemanden perfekt ist, mit der jedoch jeder arbeiten kann [10].

Am Beispiel des in 2.3.1 identifizierten Use Case, könnte eine funktionale Anforderung wie folgt aussehen:

- Das API soll es ermöglichen, mehrere Produkte anhand einer Sucheingabe abzurufen. Der Parameter soll aus einer textbasierten Suchquery bestehen, die die Liste der Produkte wie gewünscht filtert.

- Das API soll einzelne Produkte mit deren zugehörigen Details zurückgeben können.

Hierdurch kann die Anforderung, sowohl eine Übersicht der gesuchten Produkte als auch die Detailansicht eines einzelnen Produkts anzuzeigen, erfüllt werden.

2.3.3 Nicht-funktionale Anforderungen

Nicht-funktionale Anforderungen stellen generelle Merkmale des API fest, die nicht direkt in einem Benutzerprozess abgebildet werden können. Dabei kann es sich auch um Anforderungen an das Umfeld des API handeln, zum Beispiel an die Infrastruktur oder Bereitstellungsart.

Nicht-funktionale Anforderungen sollten stets einfach und verständlich sowie eindeutig, genau und realisierbar formuliert sein. Der Satz *»Die Schnittstelle muss intuitiv bedienbar sein«* ist beispielsweise nicht eindeutig, da *»intuitiv«* zu vage ist. *»Die Schnittstelle muss fehlerfrei sein«* ist dagegen technisch nicht realisierbar, da kein System garantiert fehlerfrei sein kann.

Nicht-funktionale Anforderungen könnten stattdessen etwa die folgenden sein:

- Einfachheit: Das API sollte für Entwickler möglichst einfach zu verstehen sein.
- Stabilität: Die Endpunkte des API sollten fest definiert sein und lediglich durch vorher bekannt gemachte Versionierung angepasst werden.
- Sicherheit: Das API soll nur über verschlüsselte Kanäle kommunizieren.
- Dokumentation: Das API soll durch eine möglichst übersichtliche und ausführliche Dokumentation beschrieben werden. Darin sollen die Endpunkte, deren Funktionen, akzeptierte Parameter und Repräsentationen gelistet sein.

Nicht-funktionale Anforderungen können nochmals besondere Priorität auf Teile des Designs und der technischen Umsetzung legen.

2.3.4 Die gemeinsame Sprache

Das GraphQL-Schema definiert alle Ressourcen und deren Relationen innerhalb der eigenen Geschäftsdomäne für das API. Das Schema zu definieren, bedeutet in diesem Fall auch etwas viel Tiefgreifenderes: Man vergibt an dieser Stelle für jedes Element im API einen eindeutigen Namen. Um diese Eindeutigkeit für die Objekte zu ermöglichen und konsistent durch das gesamte Schema auch aufrechterhalten zu können, hilft es, zuerst eine eindeutige Sprache zu entwickeln.

Als erste Richtlinie sollte diese eindeutige Sprache zur Benennung von Nodes innerhalb des Graphen natürlich so einfach und selbsterklärend wie möglich sein. Am besten orientiert man sich an der Sprache, die Nutzer innerhalb ihrer Geschäftsdomäne täglich nutzen.

Ein guter Start ist also, den Prozess mit dem innerhalb der Domäne bekannten Vokabular zu formulieren:

- Nutzer können ein Kundenprofil haben und sind dann Kunden.
- Jeder Kunde hat einen Warenkorb, eine Adresse und Bestellungen.
- Jeder Warenkorb hat Produkte und einen Gesamtpreis.
- Jede Lieferadresse enthält einen Namen, eine Straße, eine Hausnummer und einen Ort.
- Jede Bestellung enthält Produkte, einen Preis und eine Bezahlmethode.
- Ein Kunde kann ohne Adresse keine Bestellung aus einem Warenkorb erzeugen.
- Ein Produkt hat ...

Diese Auflistung an Schritten kann auch direkt aus einem Use Case entnommen werden (mehr zu Use Cases in Kapitel 2.3.1). Anschließend muss man bewusst auf wiederkehrende Wörter achten und diese vereinheitlichen.

Im oberen Beispiel werden etwa kohärent die Begriffe *Kunde*, *Warenkorb* und *Bestellungen* benutzt, während Referenzen wie *Adresse* und *Lieferadresse* oder *Gesamtpreis* sowie *Preis* dieselbe Bedeutung durch unterschiedliche Begriffe beschreiben. Hier muss das Vokabular vereinheitlicht werden, um daraus effektiv eine einfache, verständliche, gemeinsame Sprache für die Schemadefinition zu erzeugen. Dies führt auch automatisch zu einem einfacheren und verstandlicheren Interface, das jeder intuitiv versteht.

2.3.5 Gemeinsames Vokabular durch Schema.org erzeugen

Um zu garantieren, dass alle Objekte und Funktionen konstante, eindeutige und bekannte Bezeichnungen haben, bietet sich die Verwendung der Plattform Schema.org an [51]. Dabei handelt es sich um eine kollaborative und Community-betriebene Bibliothek verschiedener

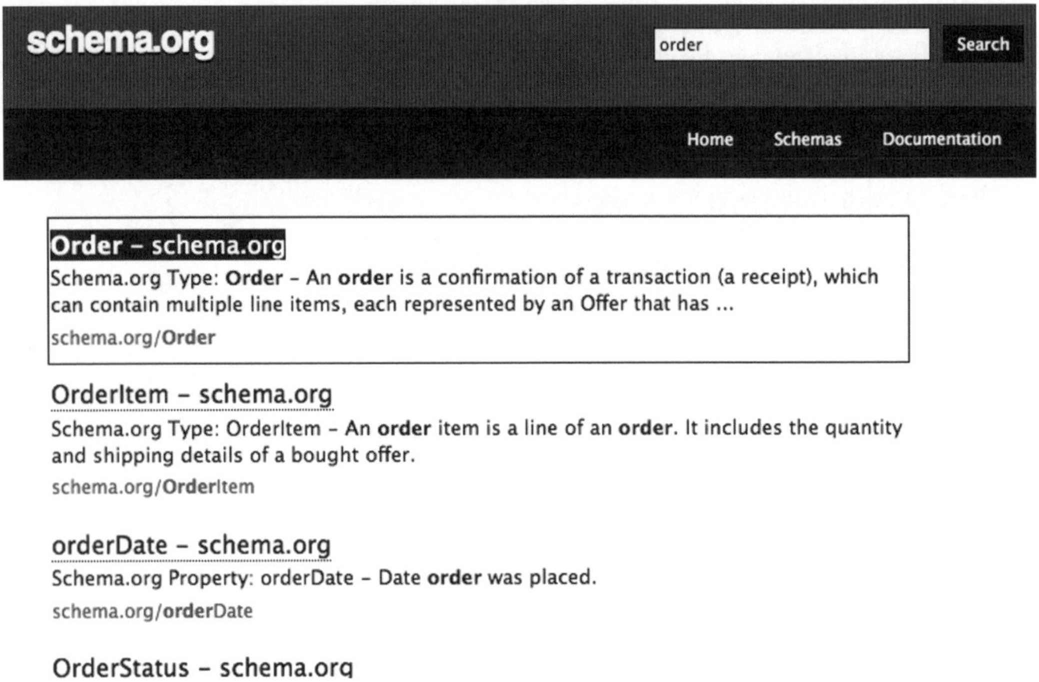

Abb. 2–9
Suche für Order auf Schema.org

Schemas. Gegründet wurde die Plattform von Firmen wie Google, Microsoft und Pinterest. Aber jeder kann Vorschläge einreichen.

Die Idee dahinter ist, Begriffe in der Welt des Internets zu strukturieren und zu vereinheitlichen. So kann zum Beispiel mit dem Wert »Order« für »Bestellung« nach einem bestimmten Begriff direkt auf der Plattform gesucht werden. Man erhält daraufhin eine Liste von dazu passenden Schemas zurück (siehe Abbildung 2–9).

In der Detailansicht eines dieser Schemas können strukturierte Attribute für dieses Schema gefunden werden. So sieht für den Begriff »Order« die Detailansicht auf Schema.org wie in Abbildung 2–10 aus.

Diese Schemas lassen sich direkt in verschiedene, serialisierte Formate ableiten, zum Beispiel in JSON. Für den Begriff »Order« sieht ein solches JSON-Objekt mit Beispieldaten wie folgt aus:

Listing 2–1
Order-JSON-Export von Schema.org

```
<script type="application/ld+json">
{
  "@context": "http://schema.org/",
  "@type": "Order",
  "seller": {
    "@type": "Organization",
    "name": "ACME Supplies"
  },
```

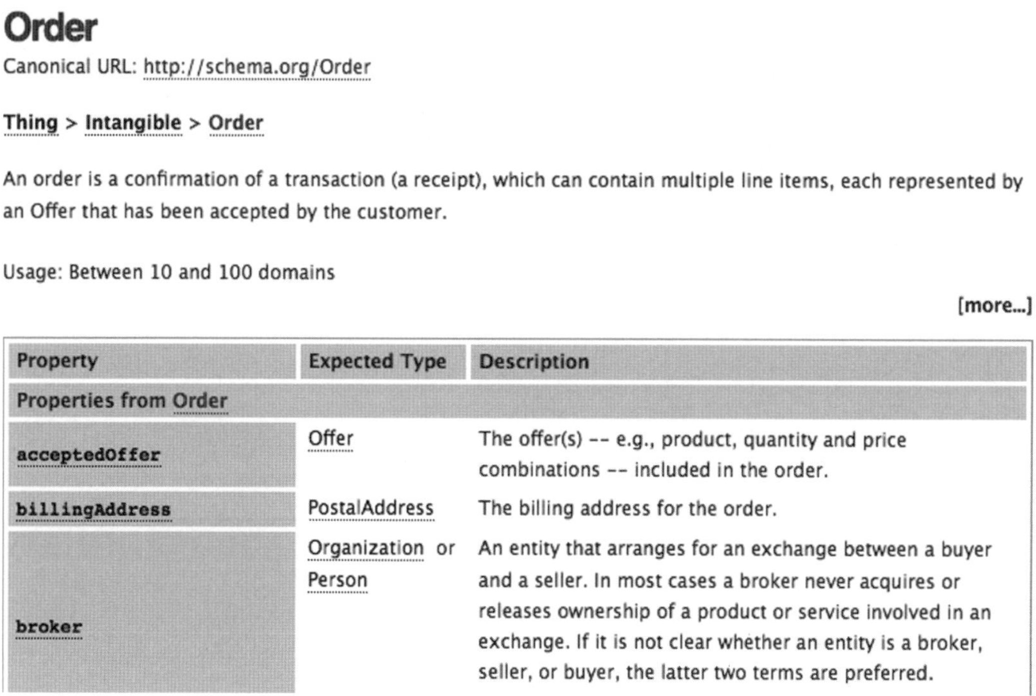

Order

Canonical URL: http://schema.org/Order

Thing > Intangible > Order

An order is a confirmation of a transaction (a receipt), which can contain multiple line items, each represented by an Offer that has been accepted by the customer.

Usage: Between 10 and 100 domains

[more...]

Property	Expected Type	Description
Properties from Order		
acceptedOffer	Offer	The offer(s) -- e.g., product, quantity and price combinations -- included in the order.
billingAddress	PostalAddress	The billing address for the order.
broker	Organization or Person	An entity that arranges for an exchange between a buyer and a seller. In most cases a broker never acquires or releases ownership of a product or service involved in an exchange. If it is not clear whether an entity is a broker, seller, or buyer, the latter two terms are preferred.

Abb. 2–10
Detailansicht des Order-Schemas auf Schema.org

```
"customer": {
  "@type": "Person",
  "name": "Jane Doe"
},
"orderedItem": [{
  "@type": "OrderItem",
  "orderItemNumber": "abc123",
  "orderQuantity": 1,
  "orderedItem": {
    "@type": "Product",
    "name": "Widget"
  },
  "orderItemStatus": "http://schema.org/OrderDelivered",
  "orderDelivery": {
    "@type": "ParcelDelivery",
    "expectedArrivalFrom": "2015-03-10"
  }
},{
  "@type": "OrderItem",
  "orderItemNumber": "def456",
  "orderQuantity": 3,
```

```
      "orderedItem": {
        "@type": "Product",
        "name": "Widget accessories"
      },
      "orderItemStatus": "http://schema.org/OrderInTransit",
      "orderDelivery": {
        "@type": "ParcelDelivery",
        "expectedArrivalFrom": "2015-03-15",
        "expectedArrivalUntil": "2015-03-18"
      }
    }]
  }
</script>
```

3 Grundlagen der GraphQL-API

»Mit GraphQL modelliert man seine komplette Business-Domäne als Graph.«
GraphQL-Webseite [20]

Die GraphQL-Spezifikation

Was genau GraphQL wirklich ist und auch, was nicht, wird in der offiziellen GraphQL-Spezifikation [18] definiert. Die GraphQL-Spezifikation beschreibt Sprache und Grammatik, die bei der Erstellung von GraphQL-Dokumenten verwendet werden sollte. Das umfasst, wie Querys und Schemas definiert und die GraphQL-Syntax validiert werden sollten. Außerdem werden darin die *GraphQL Query Language* erläutert, die beschreibt, wie eine Query geschrieben werden muss, sowie die *Schema Definition Language*, die beschreibt, wie ein Schema geschrieben werden muss.

Darüber hinaus ist sie jedoch sehr offen. Es wird weder definiert, welche Softwaresprache verwendet, noch, wie die Daten gespeichert oder welche Clients unterstützt werden sollten. GraphQL ist also laut Spezifikation generell technologieagnostisch.

Die weit verbreiteten REST APIs brachten Entwicklern seit ihrer Einführung bei, in Ressourcen zu denken. Ein Endpunkt ist eine Ressource. Möchte man Daten aus unterschiedlichen Quellen verarbeiten, muss man unterschiedliche Endpunkte anfragen.

Anders als REST sieht GraphQL einzelne Ressourcen innerhalb der eigenen Datenstruktur nicht als individuell gekapselte Elemente, die unabhängig vom Applikationszustand einzeln abgerufen werden müssen. Vielmehr ist alles strukturiert in – wie es der Name schon vermuten lässt – Graphen, also in einer Datenstruktur, in der Objekte so ineinander verschachtelt sind, dass sie ihren Relationen nach aufgelistet einen Objektbaum ergeben. Im Beispiel bildet die Relationskette vom Kunden über die Bestellung hin zur Adresse den Graphen (siehe Abbildung 3–1).

Abb. 3–1
Graph der Datenrelation für Onlineshop-Kunden

Damit wird ein Fokus nicht nur auf einzelne Elemente, sondern auf deren Relation zueinander gelegt. Diese ist nicht mehr lose gekoppelt wie bei REST: Mit einem einzelnen Einstiegspunkt erreicht man einige Elemente unter Umständen nur, indem man den Weg der Relationen des Elements zum Einstiegspunkt zurückverfolgt.

Die komplette Geschäftsdomäne, in der man sich befindet, wird am einfachsten über verschiedene Knotenpunkte im Objektbaum, sogenannten Nodes, und deren Relationen zueinander erklärt. Die Definition der Nodes und ihrer Verbindungen dient dann bereits als Schema für die Datenstruktur, auf der GraphQL operiert.

Dieses Schema kann dann für jegliche Technologie der unterliegenden Backend-Systeme, also die Datenbank und der datenverarbeitenden Server darüber, in die jeweilige Implementierung der GraphQL-Services übersetzt werden. Das Schema selbst definiert ja nur das Interface des Systems nach außen. Dies bedeutet also: Erst muss man sich über die Datenstruktur – den Nodes und vor allem der Relationen dieser Nodes – innerhalb der eigenen Geschäftsdomäne klar sein.

Dieser Fokus auf die Beziehungen der Elemente statt nur auf die der einzelnen Nodes bedeutet eine klare Bedingung oder auch Einschränkung für die Datenstruktur: Es müssen Relationen vorliegen. Umso verzweigter die Verbindungen in der Datenstruktur sind – umso tiefer also der Graph ist, mit dem man arbeitet –, desto mehr profitiert man von den Möglichkeiten einer GraphQL API.

Grundlegend bedeutet das jedoch auch: Umso einfacher die Datenstruktur ist und damit auch umso flacher der Graph an Daten ist, desto weniger hat man von der eigentlichen Stärke eines solchen API. Viele einzeln stehende, gekapselte Ressourcen sind eventuell nicht mehr den Overhead einer Schemadefinition mit GraphQL wert und wären daher mit einem simplen REST API besser bedient.

Möchte man aber eine Schnittstelle für komplexe Datenstrukturen mit vielen Abhängigkeiten und Relationen erzeugen, dann bietet GraphQL eine Liste an Werkzeugen, die immense Vorteile gegenüber anderen Herangehensweisen bieten. Wie diese aussehen und damit auch, wie man mit GraphQL im Detail arbeitet, wird in diesem Kapitel behandelt.

3.1 Das Graphen-Modell erzeugen

Da die Datenstruktur für GraphQL ein entscheidender Baustein ist, sollte man sich als Allererstes Gedanken darüber machen. Wichtig ist hierbei ein Fokus aufs Wesentliche: Ein Schema besteht aus Nodes und ihren Relationen. Geschäftslogik sollte idealerweise auf dem Server ausgeführt werden. GraphQL ist lediglich der Zugriff auf diesen. Validierung, Fehlerbehandlung und Autorisierung sollten also auf dem Server an einem zentralen Ort erfolgen, sonst besteht die Gefahr, nicht durchgehend einheitliche Geschäftslogik im System zu pflegen. Das ist vor allem wichtig bei Systemen, die mehrere Einstiegspunkte in die Datenstruktur oder gleich verschiedene Schemadefinitionen besitzen – beispielsweise für eine spezielle Kampagnenansicht für Kunden und eine andere für Marketingmanager.

Das Schema besteht also nur aus Ressourcen und Relationen. Innerhalb dieser Datenstruktur ist man jedoch sehr flexibel. Wenn man beispielsweise ein Schema für ein bestehendes Altsystem erstellen möchte, muss man keinesfalls die bereits existierende Datenstruktur abbilden, sondern kann die perfekte Repräsentation für die Nutzung der Daten durch die konsumierenden Entwickler aufbauen. GraphQL agiert lediglich als Zwischenschicht, sozusagen eine Übersetzung der Schnittstelle zum bestehenden System. Das bedeutet also, dass man die Datenstruktur, die letztendlich am Interface liegt, anpassen kann, ohne dabei das bestehende System ändern zu müssen.

Das Schema sollte immer eine Beschreibung der Daten sein, die es repräsentiert, und nicht, wie diese Daten im System strukturiert sind. Das hilft dabei, den Fokus auf den konsumierenden Entwickler und den letztendlichen Endkunden zu legen und nicht auf das dahinterliegende System.

Um diesen Fokus über die komplette Schemadefinition zu validieren, ist es vor allem wichtig, immer wieder Rücksprache mit den potenziellen Nutzern des Interfaces zu halten, wenn das möglich ist. Ein komplettes Schema für eine ganze Geschäftsdomäne in einem Durchgang zu erstellen, führt oft zu unnötig komplizierten Lösungen oder übersieht einige Anforderungen.

Viel zielführender ist es, sich an einzelnen Use Cases zu orientieren (siehe Kapitel 2.3.1), das Schema für diesen einen Case zu definieren, Feedback einzuholen und das Schema dann zu optimieren. Ist die Validierung des Schemas durch potenzielle Nutzer erfolgt, kann man dieses durch weitere Szenarien erweitern. Auch hier sollte wieder Feedback eingeholt und das Schema entsprechend optimiert werden. Diese graduelle Erweiterung des Schemas sichert, dass alle Prozesse in der Geschäftsdomäne klar abgebildet sind, und führt dazu, dass es möglichst intuitiv und einfach genutzt werden kann.

3.2 Abfragen mit GraphQL

Für die Entwicklung eines intuitiven und gleichzeitig vielseitigen GraphQL-Schemas ist es wichtig, sich Gedanken über die Geschäftsdomäne des künftigen API-Einsatzgebietes zu machen. Abseits einer einfachen Sprache, die jeder in der Geschäftsdomäne direkt versteht, hilft dabei vor allem, sich darüber bewusst zu werden, wie mit dem API später interagiert wird. Im folgenden Kapitel werden die Interaktionsmöglichkeiten mit einem GraphQL API beleuchtet.

3.2.1 Grundlegende Querys

GraphQL erlaubt es, genau die Information anzufragen, die man benötigt. Als Ergebnis erhält man die Daten in derselben Form wie angefordert zurück. Dafür bietet GraphQL einen Einstiegspunkt, hinter dem sich das komplette zuvor deklarierte Graphenschema aus verwandten Objekten und deren Feldern befindet. Um auf die Daten zuzugreifen, muss ein in der *GraphQL Query Language* definiertes, JSON-ähnliches Objekt mit den Feldern entlang des Graphen an den Endpunkt übergeben werden.

Listing 3–1
Simple GraphQL-Query

```
# Request
{
  product {
    name
}}

# Response
{
  "data": {
    "product": {
      "name": "Kartoffeln"
}}}
```

Wie im Beispiel aufgeführt sendet der GraphQL-Endpunkt ein exaktes Ebenbild des angefragten Objekts zurück; nur in der Antwort als JSON mit den entsprechenden Daten erweitert. Dieselbe Form des Objekts in der Antwort wie im Request zu erhalten, ist ein essenzielles Feature von GraphQL. Hierdurch wird gewährleistet, dass die Response immer in einer erwartbaren Form erfolgt. Dies bedeutet, dass die Antwort des Endpunkts direkt ohne besonderes Mapping in der konsumierenden Applikation die eigenen Objekte mit Werten befüllt.

3.2.2 Querys generell

In Listing 3–1 wird eine rudimentäre Query benutzt, die direkt mit der Anfrage des gewünschten Objekts beginnt. Für eine bessere Identifikation der Query kann diese auch benannt werden. Das führt zu der eigentlichen Form einer Query, definiert in der GraphQL-Spezifikation: An erster Stelle steht der Operationstyp, gefolgt vom Namen der Operation und zuletzt folgen die für die gewünschte Operation relevanten Felder.

Listing 3–2
Benannte GraphQL-Query

```
# Request
query ProductName {
  product {
    name
}}
```

Als HTTP POST Request gegen den API-Server sieht diese Query dann wie folgt aus.

Listing 3–3
POST Request eines GraphQL-Query

```
POST /graphql HTTP/1.1
Host: apibasics.de
Content-Type: application/json

{
  "query": "product{name}",
  "operationName": "ProductName",
  "variables": {}
}
```

Die Response vom Server wäre in diesem Fall die folgende.

Listing 3–4
Response eines GraphQL POST Request

```
HTTP/1.1 200 OK
Content-Type: application/json

{
  "data": {
    "product": {
      "name": "Kartoffeln"
}}}
```

Abseits vom Typen `query` kann der Operationstyp auch `fragment` (siehe Kapitel 3.2.7), `mutation` (siehe Kapitel 3.2.11) oder `subscription` (siehe Kapitel 3.2.12) sein. Er beschreibt also, welche Art Operation es sich handelt.

Wie man am Response-Objekt bemerkt, ändert die Benennung der Query nichts an der Ausgabe der angeforderten Daten. Es handelt sich also einfach nur um bedeutungsvolle, explizite Namen für die Operation, die gegen den GraphQL-Server ausgeführt wird. Sie sind optional, es wird jedoch empfohlen, Operationsnamen zu vergeben. Querys einfach identifizieren zu können, ist ein großer Vorteil, wenn es bei Problemen zum Debuggen des API kommt.

3.2.3 Verschachtelte Querys

Im Beispiel in Listing 3–2 wird lediglich das Feld `name` des einzelnen Objekts `Product` gefordert. Da GraphQL jedoch mit einem Graphenschema arbeitet, das auf Beziehungen unterschiedlicher Nodes zueinander basiert, kann man ebenfalls diese Relationen nutzen, um *Daten über mehrere Objekte hinweg zu sammeln*. Hier muss man lediglich im *GraphQL Query Language*-Objekt der Anfrage an den Endpunkt die Felder der jeweiligen Nodes angeben, die man als Response erhalten möchte.

Listing 3–5
Verschachtelte GraphQL-Query

```
# Request
query BasketContent {
  basket {
    totalprice
    products {
      name
      quantity
}}}

# Response
{
  "data": {
    "basket": {
      "totalprice": "16,50"
      "products": [
        {
          "name": "Kartoffeln"
          "quantity": "2"
        },
        {
          "name": "Tomaten"
          "quantity": "1"
        }
      ]
}}}
```

Diese Query gibt mit der Relation des Warenkorbs `basket` ein Array an Produkten `products` zurück. Listen funktionieren bei GraphQL-Querys genauso wie die Anfragen von einzelnen Objekten: Man bekommt, was man erwartet. Es müssen lediglich die Felder der Nodes innerhalb des Arrays im Request angegeben werden. Anschließend enthält die Response die Liste mit den entsprechenden Objekten.

3.2.4 Parameter in Querys

Gerade bei Listen ist man in den meisten Szenarien nur an spezifischen Objekten interessiert. Bei sehr langen Arrays können daher unnötig viele Daten übertragen werden, wenn GraphQL die Felder aller Objekte in der Liste als Antwort sendet. Wenn viele Objekte oder Felder in einer Liste gar nicht von Interesse sind, ist das ein großer Nachteil. Durch den unnötigen Overhead leidet unter Umständen die Performanz, aber auch die Lesbarkeit der Response.

Für diese Fälle ermöglicht GraphQL, *Parameter* in den Requests an den Server zu verwenden. Diese *Argumente* filtern dann Objekte innerhalb der Query und reduzieren damit die Größe des zu erwartenden Objekts.

Listing 3–6
Parametrisierte GraphQL-Query

```
# Request
query FilteredProduct {
  product (id="K25062020"){
    name
  }
}

# Response
{
  "data": {
    "product": {
      "name": "Kartoffeln"
}}}
```

Jedes Feld innerhalb einer Query kann parametrisiert werden. Das bedeutet, dass eine Query auch mehrere Parameter für unterschiedliche Felder in einem Request enthalten kann. Zusätzlich können beispielsweise über Parameter auch skalare Felder eingeführt werden, um Datentransformation einmal auf dem Server statt mehrmals auf den einzelnen Clients durchzuführen.

Listing 3–7
Mehrere Parameter in einer GraphQL-Query

```
# Request
query MultiFilteredProduct {
  customer (email="juergen.klopp@liverpool.com"){
    name
    order (id=2020) {
      id
      price (unit= GBPOUND)
}}}

# Response
{
  "data": {
    "customer": {
      "name": "Juergen Klopp"
      "order": {
        "id": "2020"
        "price": "19"
}}}}
```

In diesem Beispiel werden die Argumente `email` vom Typen `string`, `id` als Nummer und der Enumerationstyp `GBPOUND` für die Datentransformation zu britischen Pfund für das Feld `price` verwendet. Enumerationstypen sind Typen, die durch eine Liste an möglichen Zuständen – sprich Werten –, die ein Feld annehmen kann, definiert werden, beispielsweise eben möglichen Währungen. Parameter können also ebenso wie die Objekte, die sie filtern, unterschiedlichen Typs sein, solange diese auf die parametrisierten Felder passen.

3.2.5 Variablen in Querys

Da man die Ergebnisse im Request auf bestimmte Parameter beschränken kann, ergibt sich noch ein weiteres Problem. Im Beispiel 3–7 sind alle Werte der Parameter festgeschrieben und können nur mit einer Codeanpassung innerhalb des Request-Bodys geändert werden.

Das genügt jedoch nur selten für die Anforderungen einer dynamischen Applikation, deren Requests anhand von Nutzereingaben erzeugt werden. Die erste Überlegung wäre hier, einfach den *String* des zu sendenden Query anhand der Nutzereingaben durch Anpassung des Texts dynamisch zu gestalten. Hiermit würde man jedoch dem Nutzer mehr oder minder die Möglichkeit geben, die Requests des Clients an den Server direkt zu manipulieren. Das ist jedoch gefährlich und sollte vermieden werden.

Als bessere Alternative bietet GraphQL *Variablen* an, um dynamische Werte aus der Query zu extrahieren und in einem gesonderten JSON-Objekt sicher zu versenden. Um Variablen zu nutzen, bedarf es drei einfacher Schritte:

1. Den statischen Wert in der Query durch `$variablenname` ersetzen.
2. `$variablenname` als von der Query akzeptierte Variable in der Querydefinition deklarieren.
3. Den dynamischen Wert via `variablenname: wert` im selben Format wie die Query mit dem Request versenden.

Listing 3–8
Variablen in einer GraphQL-Query

```
# Query
query FilteredProduct($productId: String) {
  product (id=$productId){
    name
}}

# Variables
{
  "productId": "K25062020"
}

# Request Body
{
  "query": "product(id=$productId){name}",
  "operationName": "FilteredProduct",
  "variables": {"productId": "K25062020"}
}

# Response
{
  "data": {
    "product": {
      "name": "Kartoffeln"
}}}
```

Um die Werte in der Query der abgefragten `productId` anzupassen, muss nicht mehr die gesamte Query umgeschrieben, sondern lediglich das zusätzliche Variablenobjekt angepasst werden. Dieser dynamische Wert der Variablen kann an jeder beliebigen Stelle in der Query benutzt werden. Dadurch wird die Möglichkeit zur Manipulation der eigentlichen Query durch den Nutzer so klein wie nur möglich gehalten.

Es können mehrere Variablen für eine Query definiert werden. Sie sind durch ein Dollarzeichen $ als Präfix deklariert. Alle Variablen müssen als Skalar, Objekt oder Enum typisiert sein. Sie können explizit erfordert oder optional sein. *Non-Null*-Variablen werden zusätzlich mit einem Ausrufezeichen ! neben der Typdeklaration definiert. Ist das Feld, das mit einer Variablen dynamischen Inhalt erhält, explizit erfordert, so muss auch die Variable, die dieses Feld füllt, explizit erfordert sein.

GraphQL bietet die Möglichkeit, *Non-Null*-Variablen mit Standardwerten zu füllen. Dafür muss man lediglich den gewünschten Wert in der Variablendeklaration direkt zuweisen. Dadurch kann eine solche Query auch ohne zusätzliches Variablenobjekt ausgeführt werden. Sollte man trotzdem individuelle Variablen mit der Query übergeben, überschreiben diese die bestehenden Standardwerte.

Listing 3–9
Variablen mit Standardwerten in einer GraphQL-Query

```
# Request
query FilteredProduct($productId: String! = "K25062020") {
  product (id=$productId){
    name
}}

# Response
{
  "data": {
    "product": {
      "name": "Kartoffeln"
}}}
```

3.2.6 Aliases in Querys

GraphQL-Querys erlauben also mehrere Parameter innerhalb einer Query. Was ist jedoch, wenn ein Feld Parameter übergeben bekommt, die miteinander in Konflikt stehen? Hierfür bietet GraphQL die Möglichkeit, *Aliases* zu erzeugen. Diese erlauben es, unterschiedliche Resultate dieser in Konflikt stehenden Argumente zu benennen und damit zu unterscheiden.

Listing 3–10
Aliases in einer GraphQL-Query

```
# Request
query Sweets {
  chocolate: product(category: CHOCOLATE) {
    name
  }
  gummiBears: product(category: GUMMIBEARS) {
    name
  }
}
```

```
# Response
{
"data": {
  "chocolate": {
    "name": "Weisse Schokolade"
  }
  "gummiBears": {
    "name": "GummiFruechte Dinos"
  }
}
```

In diesem Beispiel werden die Produkte in zwei Kategorien gefiltert, die sich gegenseitig ausschließen würden, da ein Produkt nur sehr unwahrscheinlich gleichzeitig in der Kategorie Schokolade und Gummibär existiert.

3.2.7 Fragmentierte Querys

Das Prinzip der Aliases hat jedoch einen deutlichen Nachteil: Für jedes benannte Ergebnisset, dass man mit widersprüchlichen Parametern erhalten möchte, muss man die unter Umständen sehr lange Liste gewünschter Felder des Objekts und verschachtelter Objekte für jedes einzelne Set wiederholen. Diese repetitive Schreibarbeit, die auch noch die Größe und damit Komplexität der Query erhöht, möchte man sich natürlich ersparen.

Zusätzlich gibt es häufig den Fall, dass unterschiedliche Abfragen identische Felder teilen. Möchte man Beispielsweise die Kontaktdaten eines Händlers sowie die eines Kunden abfragen, können sich hier viele Felder überschneiden, die dann in der Query mehrfach gelistet werden müssen.

Als Losung dieser Probleme bietet GraphQL *Fragmente* an. Das sind wiederverwendbare, klar definierte Subquerys, die in die Basisquery eingebunden werden können. In solch einem Fragment kann die Liste an relevanten Feldern im Objekt und in den verschachtelten Objekten einmalig benannt und dann für jeden Fall referenziert werden.

Listing 3–11
Fragment in einer GraphQL-Query

```
# Request
query SweetsDetails {
  chocolate: product(category: CHOCOLATE) {
    ...sweets
  }
  gummiBears: product(category: GUMMIBEARS) {
    ...sweets
}}
```

```
fragment sweets on product {
  name
  incredients {
    name
    healthy
}}

# Response
{
  "data": {
    "chocolate": {
      "name": "Weisse Schokolade"
      "incredients": [{
        "name": "sugar"
        "healthy": "false"
      },{
        name: cacao"
        "healthy": "true"
      }]
    }
    "gummiBears": {
      "name": "GummiFruechte Dinos"
        "incredients": [{
          "name": "sugar"
          "healthy": "false"
        },{
          "name": "fruit"
          "healthy": "true"
        }]
}}}
```

Fragmente helfen dabei, komplexe Datenanforderungen einfach zu strukturieren und zu organisieren. Es ist zudem möglich, Parameter einzuführen und bereits in der Query definierte Variablen in Fragmenten zu nutzen. So lassen sie sich noch einfacher wiederverwenden.

Listing 3–12
Fragment mit Variablen in einer GraphQL-Query

```
# Request
query SweetsDetails ($first: Int = 1){
  chocolate: product(category: CHOCOLATE) {
    ...sweets
  }
  gummiBears: product(category: GUMMIBEARS) {
    ...sweets
}}
```

```
fragment sweets on product {
  name
  incredientsConnection(first: $first) {
    totalCount
    edges {
      node {
        name
        healthy
}}}}

# Response
{
  "data": {
    "chocolate": {
      "name": "Weisse Schokolade",
      "incredientsConnection": {
        "totalcount": 2 ,
        "edges": [{
          "node": {
            "name": "sugar",
            "healthy": false
    }}]}}
    "gummiBears": {
      "name": "GummiFruechte Dinos",
      "incredientsConnection": {
        "totalcount": 2 ,
        "edges": [{
          "node": {
            "name": "sugar",
            "healthy": false
}}]}}}}
```

In diesem Beispiel wird nur eine variable Anzahl der Nodes `incredient` in Relation zum Objekt `product` ausgegeben. Dies bedeutet, dass Variablen in Fragmenten auch die Datenstruktur innerhalb dieses Fragments einfach beeinflussen können, nicht nur den Dateninhalt.

3.2.8 Direktiven in Querys

Eine weitere Variante, um die Struktur des Ergebnisses zu beeinflussen, sind *Direktiven*. Dieses Werkzeug für Querys ermöglicht, durch eine Annotation direkt an einem Feld oder einer Objekt-Relation, die Struktur des Feldes oder Objekts entsprechend einer Eingabe zu beeinflussen.

Die Implementierung von GraphQL bietet zwei Arten der Strukturmanipulation. Über die `@include`- und `@skip`-Direktive lässt sich ein Feld oder Objekt mit einer angegebenen Kondition inkludieren oder überspringen.

Damit könnte man etwa das Beispiel 3–12 so erweitern, dass in manchen Ausgaben der Süßigkeiten nur die Schokolade angezeigt wird und die Liste der Zutaten optional ist. Diese Flexibilität lässt sich dank Direktiven in einer einzigen Query abbilden.

Listing 3–13
Direktiven in einer GraphQL-Query

```
# Request
query SweetsDetails ($first: Int = 1, $withChoco: Boolean!,
    withGummiBears: Boolean!, $noIncreds: Boolean!){
  chocolate: product(category: CHOCOLATE)
      @include(if: $withChoco){
    ...sweets
  }
  gummiBears: product(category: GUMMIBEARS)
      @include(if: $withGummiBears) {
    ...sweets
}}

fragment sweets on product {
  name
  incredientsConnection(first: $first) @skip(if: $noIncreds) {
    totalCount
    edges {
      node {
        name
        healthy
}}}}

# Variables
{
  "withChoco": true,
  "withGummiBears": false,
  "noIncreds": false
}
```

```
# Response
{
  "data": {
    "chocolate": {
      "name": "Weisse Schokolade",
      "incredientsConnection": {
        "totalcount": 2 ,
        "edges": [{
          "node": {
            "name": "sugar",
            "healthy": false
}}]}}}}
```

Im Beispiel wird über die Variablen ein boolescher Wert für die Konditionen übergeben, zum Beispiel mit der `noIncreds`-Variablen, ob innerhalb des `Sweets`-Fragments die Zutaten der Süßigkeiten angezeigt werden. Die Variable wird in die Query übergeben und danach in der `@skip`-Direktive am Node `incredientsConnection` abgefragt. Entsprechend der Kondition werden die Felder des annotierten Nodes dann angezeigt oder übersprungen.

Alle Felder und Nodes können durch Hinzufügen von Direktiven gesteuert werden. Es ist möglich, auf Serverseite eigene Direktiven zu implementieren, die vom GraphQL-Client dann verwendet werden können.

3.2.9 Inline-Fragmente in Querys

Aliase, Fragmente und Direktiven ermöglichen, die Struktur der zu sendenden Query und damit auch den Aufbau des zu erwartenden Ergebnisses mit nur wenigen, einfachen Variablen vielseitig zu gestalten. Sollte man jedoch die Anforderung haben, unterschiedliche Objekte mit gemeinsamen und individuellen Feldern abzufragen, kann die Querystruktur trotzdem schnell kompliziert werden.

Ein möglicher Use Case dafür könnte sein, dass Produktkategorien individuelle Produktobjekte mit unterschiedlicher Datenstruktur, aber geteilten Feldern halten: ob nun Süßwaren, Kleidung oder Möbel. Auf Schemaseite bietet GraphQL dafür Abstraktionen der gemeinsamen Felder in *Interfaces* an; ähnlich wie Java oder Python (mehr dazu in Kapitel 3.3.7). Das bedeutet beispielsweise, dass die Objekte in der Response alle den Typ `product` teilen, sie halten darüber hinaus jedoch noch ihre jeweilige Implementierung wie `furniture` oder `food`.

Auf Seiten der Abfrage kommen zur Vereinfachung der Querys für diesen Fall sogenannte *Inline-Fragmente* zum Einsatz. Diese agieren ähnlich wie Direktiven: Man definiert in der Query eine Liste von verschiedenen Implementierungen eines Interface – also Konditionen für die folgende Struktur – und gibt danach die gewünschten Felder der jeweiligen Implementierung an – also das gewünschte Verhalten bei Erfüllung der Kondition. Jedoch werden Inline-Fragmente nicht durch das Annotationszeichen `@` identifiziert, sondern durch drei Punkte und die erwartete Implementierung: `... on <Type>`.

Listing 3–14
Inline-Fragmente in einer GraphQL-Query

```
# Request
query FilteredProduct($productId: String! = "K25062020") {
  product (id=$productId){
    name
    ...on furniture {
      length
      width
    }
    ...on food {
      weight
}}}

# Response
{
"data": {
  "product": {
    "name": "Kartoffeln"
    "weight": "5kg"
}}}
```

Ohne Inline-Fragmente könnte man in diesem Beispiel nicht die Felder der konkreten Implementierung unter dem Interface des jeweiligen Objekts abrufen. Möchte man auf das Feld `length` innerhalb des Kontexts `product` zugreifen, würde es spätestens zu einem Fehler kommen, sobald eine Rückgabe den konkreten Typ `food` hält, den dieses Feld nicht besitzt. Daher werden die individuellen Felder der Implementierungen des Interface in den Kontext eines Inline-Fragments des jeweiligen Typs gesetzt. Diese werden nur dann eingefügt, wenn auch wirklich der jeweilige Typ zurückgegeben wird.

3.2.10 Metafelder in Querys

Im Hinblick auf das Frontend könnte aus unterschiedlichen Typen von Produkten mit individuellen Feldern eine weitere Anforderung folgen: Um die korrekte Darstellung der entsprechenden Felder im Frontend zu ermöglichen, könnte die Information relevant sein, welcher Typ denn nun genau vom Endpunkt zurückgegeben wurde. Da GraphQL großen Wert auf die Transparenz in der Struktur einer zu erwartenden Antwort legt, gibt es natürlich auch hierfür eine Lösung: *Metafelder*.

Diese besonderen Felder ermöglichen, nicht nur Daten, sondern auch Metainformationen über die jeweilige Nodes zu erhalten. Identifiziert werden Metafelder über zwei vorangestellte Unterstriche __ und den jeweiligen Metafeldnamen. Für das genannte Beispiel der Identifizierung des zurückgegebenen Typs wäre dies wie in 3–15 angegeben das Metafeld `__typename`. Dies gibt den jeweiligen konkreten Typen des damit abgefragten Objekts zurück.

Listing 3–15
Metafeld __typename in einer GraphQL-Query

```
# Request
query FilteredProduct($productId: String! = "K25062020") {
  product (id=$productId){
    name
    __typename
    ...on furniture {
      length
      width
    }
    ...on food {
      weight
}}}

# Response
{
  "data": {
    "product": {
      "name": "Kartoffeln"
      "__typename": "Food"
      "weight": "5kg"
}}}
```

Die Kernimplementierung von GraphQL bietet hierfür eine Vielzahl von Metafeldern, die vor allem für die Introspektion des Endpunkts und Schemas relevant sind. Die Introspektion bedeutet dabei das Abfragen des gesamten Schemas samt Beschreibungen.

Die Introspektion ist eine Möglichkeit, das API selbst durch Aufrufe eben dieser Metafelder zu *entdecken*. Also Informationen über den Aufbau sowie die Funktionalität des API durch Abfragen an dieses zu erhalten. Das ist vor allem für die automatische Generierung einer Dokumentation relevant (mehr dazu in Kapitel 5.2).

3.2.11 Mutationen: Datenmanipulation mit GraphQL

Die bisher vorgestellten Möglichkeiten mit GraphQL drehten sich alle um die Abfrage von Daten durch Querys. APIs sind jedoch in den meisten Fällen bidirektional: Man möchte nicht nur Daten auslesen, sondern auch Daten hinzufügen, verändern oder löschen. Genauso wie REST für lesenden die GET-Methode und für schreibenden Zugriff auf die API-Endpunkte entweder POST oder PUT verwendet, unterscheidet auch GraphQL zwischen lesenden Querys und schreibenden Methoden, sogenannten *Mutationen*.

Diese speziellen Operationen sind in der Definition als `mutation` angegeben. Mutationen ermöglichen gezielte und kontrollierte Möglichkeiten der Manipulation von Daten, die zuvor auf Seiten des GraphQL-Servers definiert werden müssen. Das sichert, dass manipulierende Requests Daten nur in genau der Art und Weise ändern, wie es für die Applikation auch wirklich vorgesehen ist. Wie diese Definition und Auflösung von Mutationen serverseitig funktioniert, wird in den Kapiteln 7.2 und 9.2 erklärt.

Wie bei Querys werden zur dynamischen Eingabe von Daten in Mutationen Variablen verwendet. Und ebenfalls wie in Querys wird ein Objekt in der *GraphQL Query Language* im Body des Requests mitgeliefert. In diesem definiert man die Felder der entsprechenden Nodes, die als Antwort des Servers auf die ausgeführte Operation an den Client zurückgeschickt werden. Das ist besonders hilfreich, da man danach direkt mit den aktuellen Daten weiterarbeiten kann, etwa bei einem inkrementellen Zähler.

Listing 3–16
Mutationen mit GraphQL

```
# Request
mutation AddProductToBasket ($BasketId: String!,
    $Product: ProductInput!) {
  basket {
    id
    products {
      name
}}}

# Variables
{
  "BaskedId": "42",
  "product": {
    "name": "Kartoffeln",
    "price": 1.50
}}
```

```
# Response
{
  "data": {
    "basket": {
      "id": "42",
      "products": [{
        "name": "Tomaten"
      },{
        "name": "Kartoffeln"
}]}}}
```

In diesem Beispiel einer Mutation wird durch die Operation `AddProductToBasket` ein neues Produkt einem definierten Warenkorb hinzugefügt. Sowohl die ID des Warenkorbs als auch das Produkt werden dabei über Parameter aus den definierten Variablen gefüllt. Auffällig hierbei: Beim Produkt wird als Typ für die Variable nicht `Product`, sondern der spezielle Typ `ProductInput` verwendet. Diese besonderen Input-Typen werden in Kapitel 3.3.6 ausführlicher behandelt.

3.2.12 Subscriptions: GraphQL Message Streaming

Subscriptions wurden 2017 zur offiziellen Spezifikation nach der Veröffentlichung 2015 nachträglich hinzugefügt. Diese spezielle Form der Querys erlaubt es, Daten in Echtzeit zu folgen und Updates vom Server bei spezifischen Events zu erhalten. Diese Events sind meist das Erzeugen, Ändern oder Löschen von Daten.

Subscriptions ermöglichen beispielsweise, immer den aktuellen Bestand eines Produktes im Onlineshop anzuzeigen und so sicherzugehen, dass kein Kunde ein Produkt kauft, das bereits ausverkauft ist. In einem einfachen Szenario würde man in einer Implementierung eine PubSub(Publish Subscribe)-API veröffentlichen, dem der Client folgen kann:

Listing 3–17
Einfaches Szenario: PubSub-API im Client

```
newStock.subscibe(contect, onPublish: (newStock) => {
  // Execute a GraphQL Query to get new stock
});
```

In diesem Beispiel hört der Client auf die `subscribe`-Methode des `newStock`-Objekts und startet im Callback – also sobald diese Methode ausgeführt wurde – den Queryaufruf an das eigentliche API. Sobald der Stock sich ändert, muss serverseitig dann nur noch die entsprechende `publish`-Methode des Objekts ausgeführt werden. Dieser erhält und validiert dann die Query des Clients, die wie folgt aussehen könnte:

Listing 3–18 Einfaches Szenario: Query zum Produktupdate

```
query FetchStockById($newStockedProductId: ID!) {
  product(id: $newStockedProductId) {
    name
    stock
}}
```

Um ein reaktives System für den Echtzeitbestand der Produkte zu erhalten, müssen also drei Dinge passieren. Zuerst muss eine Query definiert werden, die ausgeführt wird, sobald Bestandsdaten geändert wurden. Es müssen Konditionen definiert werden, wann genau diese Query ausgeführt wird, also wann ein Bestand geändert wurde. Und zuletzt muss der Request mit dieser definierten Query ausgeführt werden, sobald die Kondition eintritt, um die aktuellen Bestandsdaten zu erhalten.

Das Problem bei einer Implementierung wie im vorherigen Listing ist jedoch, dass der Client eine direkte Implementierung der Kondition zur Ausführung des Requests hält, nämlich eine Publikation auf dem `newStock`-Objekt. Das bedeutet, dass Änderungen an dieser Kondition (wie das Hinzufügen eines zusätzlichen Bestands) oder an anderen Feldern (als Kondition zum Produktupdate) auch eine Änderung im Client benötigen.

Vor allem in nativen Mobile-Apps kann ein Update von Anwendern jedoch aktiv geblockt werden, was zum Bruch der Applikation führt. Zusätzlich benötigt die Anwendung mit der Benachrichtigung vom Server und dem Request zurück einen Roundtrip über das Netzwerk, was bei schlechter Verbindung zu Problemen führen kann.

Die Lösung dafür ist: Die Verantwortung für die Updates muss der Server übernehmen. Der GraphQL-Service bekommt also einen Request vom Client mit der geforderten Query und persistiert sie zur späteren Ausführung. Der Server alleine hält die Kondition zum Update des Produkts und sendet die neuen Daten in einer Form entsprechend der gespeicherten Query zum Client zurück, sobald die Kondition eingetreten ist. Hierfür hält der Server eine durchgehende Verbindung mit dem Client offen. Dafür wird meist eine WebSocket-Verbindung verwendet.

Das erlaubt, alle Logik des Event-Streams auf dem Server zu halten. Der Client wird komplett entlastet, und es bedarf nur noch eines deklarativen Querys, um die Produktupdates zu erhalten. Was genau ein Produktupdate auslösen kann und wie das ermittelt wird, liegt nun rein in der Verantwortung des Servers und kann ohne Client-Anpassungen geändert werden.

```
subscription SubscribeToStockById(
    $newStockedProductId: ID!) {
  product(id: $newStockedProductId) {
    name
    stock
}}
```

Listing 3–19
Einfaches Szenario: Query zum Produktupdate

Damit wird zusätzlich der Roundtrip über das Netzwerk eingespart. Statt nur die Information der Änderung zu erhalten und anschließend den neuen Zustand abfragen zu müssen, bekommt der Client direkt die angepassten Daten. Zudem ist es nicht mehr nötig, diesen Event-Stream für die Clients zu veröffentlichen. Alle Events bleiben also abgesichert auf dem Server.

Das hat jedoch auch einen großen Nachteil: Da der GraphQL-Server sich die Query des Clients merken muss, zu dem er eine Verbindung hält, ist das API nicht mehr statuslos, ist also *stateful*. Das erhöht die Komplexität des Systems und verringert die Möglichkeit der Skalierung, da jede zusätzliche Instanz die persistierten Querys teilen müsste.

Die Spezifikation der Subscriptions in GraphQL ist jedoch auch aus diesem Grund gezielt technologieagnostisch gehalten. Die Implementierung hinter dieser Operation kann also auf dem Server zu einem Messaging-System aufgelöst werden, das am besten zu den Anforderungen und Möglichkeiten der jeweiligen Implementierung passt. Message Tools wie Kafka, Redis oder RabbitMQ bieten ihre jeweils eigenen Lösungsansätze.

Generell jedoch die Möglichkeit zu haben, asynchrone Event-Streams und synchrone HTTP Request/Response Calls in nur einem API zu implementieren, bedeutet eine klare Besonderheit gegenüber anderen Technologien und Ansätzen.

3.3 Das GraphQL-Typ-System: Schemadefinition

GraphQL ist ein Median Layer: ein Übersetzer zwischen der serverseitigen Applikation und den clientseitigen Nutzern. Um die volle Vielfalt der vorgestellten Möglichkeiten an Zugriffen auf einen GraphQL-Endpunkt zu erhalten, muss dieser Übersetzer natürlich serverseitig zuerst aufgesetzt werden.

Bei REST werden alle Ressourcen eines Systems sowie Interaktionsmöglichkeiten festgelegt. Das erfolgt über die Definition von Endpunkten sowie möglicher HTTP-Methoden auf diese. Bei GraphQL wird diese API-Definition noch um die Relation zwischen den veröffentlichenden Ressourcen erweitert. Ressourcen, Interaktionsmöglichkeiten und Relationen bilden zusammen das Schema auf dem GraphQL-Server.

Das GraphQL-Schema ist also eine *Definition der aufrufbaren Daten, ihres Typs, ihrer Relationen zueinander sowie deren möglichen Zugriffe zur Manipulation*. Es wird die genaue Datenstruktur definiert, gegen die ein eingehender Request validiert werden kann. Entspricht die anfragende Query oder Mutation dem vorliegenden Schema, wird sie in der Implementierung des Schemas verarbeitet.

Das erfolgt, indem GraphQL die Query oder Mutation zerteilt und einzelnen *Resolvern* übergibt. Diese halten den Kontakt zu den Services der Applikation und füllen angeforderte Felder durch deren Rückgabewerte mit Daten. Das kumulierte Ergebnis wird dann als Response an den Nutzer gesendet.

Das Schema ist also das eigentliche API, das Interface zur Implementierung der Applikation auf dem Server. Das bedeutet jedoch auch, dass die Definition dieses Schemas schon in einer Sprache erfolgen muss, die die Applikation auch versteht. Für die Implementierung des Schemas bietet GraphQL Server Librarys in nahezu allen gängigen Programmiersprachen. Während dieses Buch in den späteren Kapiteln 6 und 8 einen Einblick in die spezifische Implementierung mit JavaScript und Java gewährt, ist es zum Verständnis der Konzepte hinter dem Graphenschema hilfreich, sprachunabhängige Beispiele zu wählen.

In den folgenden Kapiteln wird also zu Abstraktionszwecken der Konzepte eine *GraphQL Schema Language* verwendet. Diese Sprache orientiert sich an den JSON Querys. Sie ist daher einfach zu verstehen und setzt nicht die Kenntnis einer bestimmten Programmiersprache oder GraphQL-Implementierung voraus. Sie wird zudem auch in der offiziellen Spezifikation definiert.

3.3.1 Grundlegende Schemas

Im Kernkonzept von GraphQL stehen Graphen. Wie bereits bei den Querys sind also auch beim Schema *Objekte und ihrer Relationen* zueinander die Basis. Eine Definition des Graphenschemas funktioniert also so ähnlich wie die der Query gegen dieses Schema.

Listing 3–20
Einfaches GraphQL-Schema

```
"""
A Product belonging
to a Category
"""
type Product {
  name: String
  category: Category
}

"A simple Category"
type Category {
  name: String
}
```

Wie oben recht einfach und übersichtlich zu lesen ist, wird hier der Objekttyp `Product` definiert. Wie in der Query sind die meisten Elemente vom Typ Objekt und halten Relationen zu eigenen Feldern und anderen Objekten. In diesem Beispiel hält `Product` das Feld `name` sowie die Relation zu einem Node vom Objekttyp `Category`.

Die Anführungszeichen stehen für Kommentare innerhalb des Codes, die von GraphQL zwar ignoriert werden, aber für Dokumentationszwecke relevant sein können. Drei Anführungszeichen hintereinander stehen dabei für mehrzeilige, einzelne für einzeilige Kommentare.

Damit definiert dieser kurze Code bereits einen Einstiegspunkt des API auf das Objekt `Product`, über den sowohl Daten dieses Objekts selbst – also das Feld `name` – als auch des verwandten Elements `Category` abrufbar sind – ebenfalls mit dem Feld `name`. Zu beachten ist hierbei: Beide Elemente sind individuell definiert und werden nur über die Nennung des Objekttyps als Node miteinander verknüpft.

Das bedeutet: Anders als bei Querys werden Relationen von Objekten nicht durch Schachtelung dieser in einem einzigen Objekt definiert. Das würde bei komplexeren Graphen sofort dazu führen, dass die Schemadefinition kaum noch zu lesen ist, geschweige denn, zu überarbeiten. Ein Schema besteht also aus einzelnen, geschlossenen Objekttyp-Definitionen, die einander oder aber ihre Datenfelder referenzieren.

Diese Definitionen müssen anschließend in einer spezifischen Implementierung mit den Daten der Applikation verknüpft werden. Hierzu mehr in den Kapiteln 6 und 8 über die sprachenabhängige Implementierung.

3.3.2 Skalar-Typen

Betrachtet man das Graphenschema als Baumstruktur, dann sind die referenzierten Objekte Verzweigungen des Geästs. Für die eigentliche Aufgabe des Baumes, die Photosynthese, sind jedoch vor allem die Blätter am Ende des Geästs wichtig. Das gilt ebenfalls für ein GraphQL-Schema. Die Astverzweigungen, also Referenzen zu anderen Objekten, sind als Anleitung wichtig, wie man zu den einzelnen Blättern kommt.

Ein Objekt hält somit entweder die Referenz zu einem anderen Objekt oder aber ein Feld, das eine Repräsentation von spezifischen Daten in der Applikation ist. Ebenso wie diese Daten innerhalb der Anwendung müssen auch Felder einem bestimmten Datentyp entsprechen. Wie in Programmiersprachen üblich, wird auch in GraphQL ein solcher Datentyp, der direkte Daten repräsentiert, Skalar-Typ genannt.

Im Beispiel 3–20 werden zwei skalare Typen definiert. Die beiden `name`-Felder der Objekte `Product` und `Category` sind jeweils vom skalaren Typ String. Dieser repräsentiert eine Reihe von UTF-8-Zeichen – also genauso wie der Typ String in Java, Python oder anderen Programmiersprachen. Ebenfalls wie die verbreiteten Sprachen bietet GraphQL neben String noch eine Vielzahl weiterer Typen, um Daten so klar und erwartbar zu definieren wie möglich.

Die möglichen Skalar-Typen der Kernimplementierung von GraphQL sind:

- *Boolean*: Ein binärer Datentyp mit den möglichen Werten `true` und `false`
- *Int*: Eine positive oder negative 32-Bit-Ganzzahl
- *Float*: Eine positive oder negative Gleitkommazahl
- *String*: Eine UTF-8-Zeichenkette
- *ID*: Eine eindeutige Identifikation eines Objekts

Die meisten sprachspezifischen Implementationen des GraphQL-Services erlauben es, eigene Skalar-Typen zu definieren. Oft implementierte Beispiele sind hierbei etwa ein spezieller Typ für ein formatiertes Datum oder eine URI. Näheres zur Definition eigener Skalar-Typen in der Implementierung gibt es in Kapitel 9.1.

3.3.3 Enumerations-Typen

Eine spezielle Form von selbst erstellten Skalar-Typen orientiert sich stark an verbreiteten Programmiersprachen: Enumerationen. Felder vom Typ Enumeration erhalten ein speziell definiertes Set an erlaubten Werten, die dieses Feld annehmen kann.

```
type Product {
  name: String
  category: Category
}

enum Category {
  FOOD
  ELECTRONICS
  CLOTHES
}
```

Listing 3–21
Die Category-Enumeration

Im Beispiel wurde das bisherige Objekt `Category` mit dem einzelnen Feld `name` von einem Enum-Typ ersetzt. Die Referenz auf `Category` im Objekt `Product` bleibt zwar gleich, jedoch ist nun der Wert, der dort als Response erwartet werden kann, klarer definiert. Denn in diesem Fall kann `Category` nicht jeden beliebigen Namen annehmen, sondern lediglich das Ergebnis `FOOD`, `ELECTRONICS`, oder `CLOTHES` liefern.

Die Werte des Feldes werden bei einer Enumeration also bereits vorher in einem endlichen Set an Möglichkeiten definiert. Alle Manipulationen auf das Feld werden gegen dieses endliche Set an Werten validiert. Auf Applikationsseite kann die genaue Auflösung und Persistenz dieser Felder dann auf einen Skalar-Typ zurückfallen. Mit einer Query auf den Endpunkt wird man jedoch immer einen der möglichen Werte aus der Enumeration-Definition erhalten.

3.3.4 Typ-Modifikatoren: Listen und Non-Null

Objekte, Skalare und Enumerationen: Diese drei Möglichkeiten zur Typisierung bietet GraphQL. Doch auch damit hören die Möglichkeiten der Modifikation und Validierung der Typen in einem GraphQL-Schema nicht auf. Wieder in Anlehnung an bekannte Programmiersprachen bietet die Schemadefinition nämlich noch sogenannte Typ-Modifikatoren.

GraphQL hält in seiner Kernimplementierung zwei einfache Modifikatoren bereit. Zum einen ist dies der bekannte Modifikator, um Listen von Objekten, Feldern oder Enumerationen zu definieren, zum anderen ein sogenannter Non-Null-Modifikator, der dafür sorgt, dass ein Feld, Objekt oder Enum immer einen Wert enthält und somit niemals leer ist, also den Wert `null` zurückgibt.

Ein Element im Schema wird durch eckige Klammern um dessen Typ zu einer Liste. Damit bekommt der Nutzer des API nicht mehr ein einzelnes Element, sondern eine Liste des jeweiligen Objekts, Feldes oder Enums zurück. Der Non-Null-Modifikator wird durch ein Ausrufezeichen bei der Typdefinition direkt am entsprechenden Feld, Objekt oder Enum gekennzeichnet. Damit kann der Nutzer des API erwarten, bei einer Abfrage immer einen Wert zu erhalten. Eine Mutation mit leerem Wert auf ein Feld mit einer Non-Null-Modifikation wird in der Query-Validierung scheitern und eine Fehlermeldung zurückgeben.

Listing 3–22
Non-Null- und List-Modifikatoren

```
type Category {
  name: String!
  products: [Product!]
}
```

In diesem Beispiel muss im Objekt `Category` immer ein Wert für das Feld `name` vorhanden sein. Zudem kann nun eine Kategorie die Referenz zu mehreren Produkten halten; definiert mit den eckigen Klammern um den Typ `Product`. Ebenfalls auffällig: Die Objektreferenz zum Objekttyp `Product` ist nun nicht im Singular, wie in den bisherigen Objektreferenzen, sondern im Plural. Das sorgt für eine intuitive Erwartungshaltung, da Nutzer eine Mehrzahl an Objekten erwarten, ist der Name im Plural gehalten.

Zudem hält die Definition von `products` als Liste auch einen Non-Null-Modifikator. Das bedeutet, dass Modifikatoren auch kombiniert werden können. In diesem Fall bedeutet das, dass die Elemente innerhalb der Liste vom Typ `Product` sein müssen und nicht `null`, also nicht leer sein dürfen. Die Liste an sich darf hingegen `null` sein. Gerade in der Kombination von Non-Null- und Listen-Modifikatoren gibt es vier Varianten:

- `products: [Product]`: Die Liste kann `null` sein sowie Elemente halten, die `null` sind.
- `products: [Product!]`: Die Liste kann `null` sein, aber darf keine Elemente halten, die `null` sind.
- `products: [Product]!`: Die Liste darf nicht `null` sein, kann aber Elemente halten, die `null` sind.
- `products: [Product!]!`: Die Liste darf nicht `null` sein sowie keine Elemente halten, die `null` sind.

Die Positionierung der Non-Null-Modifikation ist also entscheidend für das Resultat der Validierung. Alle Objekte, Felder und Enumerationen können mit Modifikatoren erweitert werden.

3.3.5 Parameter

Abseits von Typ-Modifikatoren können Felder, Objekte oder Enumerationen noch Parameter halten, die die Rückgabewerte verändern, um so das entsprechende Feld noch flexibler zu machen. Diese können in Querys (wie in Kapitel 3.2.4 erklärt) abgefragt werden.

```
type Product {
  name: String!
  price: (unit: Currency = EUR): Float
}
```

Listing 3–23
Ein Parameter für die Währung des Preises

In diesem Beispiel kann bei einer Query auf das Feld `price` des Objekts `Product` das Argument `unit` mitgegeben werden, das den Wert des Feldes in einer gewünschten Währung der Enumeration `Currency` zurückgibt. Parameter müssen immer benannt sein, wie in diesem Fall mit `unit`. Sie können ein Skalar-Typ, wie im Beispiel eine Enumeration, oder aber ein Input-Typ (siehe folgendes Kapitel) sein.

Argumente können optional oder erforderlich – also Non-Null – sein. Wie im Beispiel können Standardwerte für Parameter übergeben werden. Hier wird etwa bei einem Aufruf von `price` ohne ein entsprechendes `unit`-Argument einfach der Preis in Euro übergeben.

3.3.6 Input-Typen

Input-Typen sind eine spezielle Form des Objekt-Typs. Definiert wird ein Input-Typ mit dem Schlüsselwort `input`. Das Input-Objekt kann genauso wie normale Objekte auch skalare Felder, Enumerationen oder Referenzen zu anderen Objekten halten. Diese referenzierten Objekte müssen jedoch auch Input-Objekte sein. Ein Mix aus Input und normalen (sozusagen Output-)Objekten ist nicht möglich.

Ebenso wie in der Schemadefinition von Standardtypen können Input-Objekte ebenfalls Typ-Modifikationen halten. Jedoch sind Parameter nicht erlaubt. Das führt dazu, dass verschachtelte Argumente nicht möglich sind. Input-Typen funktionieren also genauso wie normale Objekte, werden jedoch explizit als Input für Parameter verwendet und halten deswegen selbst keine Argumente.

```
input ProductInput {
  name: String!
  amount: Int!
}
```

Listing 3–24
Ein Input-Typ mit Typ-Modifikationen

Im Beispiel wird ein Objekt `ProductInput` mit den Feldern `name` und `amount` definiert. Dieses Produkt kann beispielsweise in einer Mutation einem Parameter als Argument übergeben werden.

Listing 3–25
Input-Objekt in einer Mutation

```
# Query
mutation addProductToBasket($basketId: Int!,
    $product: ProductInput!) {
  addProduct(basket: $basketId, product: $product) {
    name
    amount
    price
}}

# Variables
{
  "basketId": "42",
  "product": {
    "name": "Kartoffeln",
    "amount": 2
}}

# Output
{
  "data": {
    "addProduct": {
      "name": "Kartoffeln",
      "amount": 2,
      "price": 1.5
}}}
```

In diesem Beispiel wird das zuvor definierte Objekt `ProductInput` als Argument im `$product`-Parameter übergeben. Als Variable wird dieses Input-Objekt dann gefüllt und ändert so die Daten in der Applikation durch die Mutation.

Ebenso könnte ein zuvor definiertes Input-Objekt als Argument für einen Parameter auf ein Feld, Enum oder Objekt verwendet werden.

Listing 3–26
Input-Typ als Argument

```
input ProductInput {
  name: String
  categories: [CategoryEnum]
  price: Float
  color: String
}

type Search {
  products: (query: ProductInput!):[Product]
}
```

In diesem Beispiel wird ein Input-Objekt `ProductInput` mit verschiedenen, optionalen Feldern erzeugt, das im Output-Objekt `Search` als Parameter für die ausgegebene Liste an Objekten des Typs `Product` dient. Hiermit könnte man anhand von verschiedenen optionalen, clientseitigen Eingaben die Suchanfrage an das GraphQL API über ein Input-Objekt verfeinern.

3.3.7 Interfaces

Eine weitere Funktionalität von GraphQL sind die Interfaces. Auch hier handelt es sich wieder um ein Werkzeug, das bereits aus gängigen Programmiersprachen bekannt ist. Interfaces sind abstrakte Typen, die eine spezifische Liste an Feldern definieren. Interfaces werden ebenso wie normale Objekte definiert. Das Schlüsselwort zu Beginn lautet `interface`.

Listing 3–27
Das Interface Campaign

```
interface Campaign {
  name: String
  channels: [MarketingChannel]
  visibleFrom: Date!
  visibleTill: Date
}
```

Im Beispiel wird das Interface `Campaign` definiert. Wie in einem normalen Objekt können ebenfalls Enumerationen, andere Objekte oder skalare Felder definiert werden. Zudem sind innerhalb einer Interface-Definition auch Typ-Modifikationen möglich, wie bei dem Feld `visibleFrom`, das ein `Date`-Element zwingend erfordert.

Ein Interface selbst kann nicht alleine benutzt werden und braucht eine spezifische Implementierung. Diese muss die vordefinierten Felder des Interfaces übernehmen. Das führt dazu, dass verschiedene Objekte, die ein gemeinsames Interface implementieren, garantiert diese im abstrakten Objekt definierte Liste an Feldern halten.

Listing 3–28
Implementierungen eines Interface

```
type ProductCampaign implements Campaign {
  name: String
  channels: [MarketingChannel]
  visibleFrom: Date!
  visibleTill: Date
  discount: Float
  products: [Product]
}
```

```
type CategoryCampaign implements Campaign {
  name: String
  channels: [MarketingChannel]
  visibleFrom: Date!
  visibleTill: Date
  adText: String
  categories: [Category]
}
```

Sowohl das Objekt `ProductCampaign` als auch `CategoryCampaign` halten nun garantiert die über das Interface `Campaign` geteilten Felder `name`, `channels`, `visibleFrom` und `visibleTill`. Diese sind innerhalb einer Query einfach gemeinsam über das Interface aufrufbar. Die Implementierungen von `Campaign` können nun also so behandelt werden, als wären sie vom selben Typ.

Sie halten jedoch noch ihre eigenen, spezifischen Felder. So hat `ProductCampaign` eine Liste an Produkten und das Feld `discount`, während `CategoryCampaign` eine Liste an Kategorien enthält, inklusive des Felds `adText`. Die Abfrage dieser spezifischen Felder der jeweiligen Implementierung kann übersichtlich durch Inline-Fragmente (Kapitel 3.2.9) abgerufen werden.

3.3.8 Union-Typen

Für den Fall, dass ein Interface nötig ist, das keine gemeinsamen Felder hält, beispielsweise aus semantischen Strukturgründen oder um gezielt Inline-Fragmente in Querys nutzen zu können, bietet GraphQL dafür sogenannte Union-Typen an. Unter dem Schlüsselwort `union` können mehrere Objekte zu einer Gruppe hinzugefügt werden.

Listing 3–29
Union-Typen

```
type Product {
  name: String
  price: Float
}

type Category {
  description: String
  products: [Product]
}

union SearchResult = Product | Category
```

In diesem Beispiel werden die Objekte `Category` und `Product` zur Gruppe `SearchResult` hinzugefügt und sind dann übersichtlich in einer Query zwingend über Inline-Fragmente (Kapitel 3.2.9) abrufbar, da sie keine gemeinsamen Felder teilen.

4 API-Design I: Rund ums Schema des API

»Das Erzeugen eines schlechten API ist sehr einfach, während das Erzeugen eines guten API vergleichsweise schwierig ist. Leider können auch vergleichsweise unschuldige Designfehler massive Konsequenzen haben: Ein API wird nun mal nur einmal entwickelt, aber dann tausende Male genutzt.«
Michi Henning [33]

Es gibt keinen allgemeingültigen Standard, wie genau ein gutes API-Design auszusehen hat. Jedoch findet man in jedem Buch, Artikel oder Blogeintrag zum Thema APIs mindestens eine Empfehlung, oder ein »*Best Practice*« zur Gestaltung eines API.

Generell hat das Design eines API viele Einflüsse: von der Strategie über das Publikum, die angebotenen Daten bis hin zur verfügbaren Technologie. Vor allem der letztere Punkt kann zu einer großen Varianz an Designmöglichkeiten führen. Doch allgemein gilt: Ein erfolgreiches API-Design ist in etwa wie das Innendesign von Autos. Womöglich stellt man die Lichter auf leicht andere Weise an oder bedient das Radio unterschiedlich, aber dennoch wird sich ein Autofahrer relativ schnell in einem, ihm neuen, Leihwagen zurechtfinden.

Wichtig ist also, auch ohne offizielle Standards ein Design zu entwickeln, dass den Entwicklern unabhängig von der eingesetzten Technologie vertraut vorkommt. Deshalb beschäftigt sich dieses Kapitel mit Themen rund um die Möglichkeiten von GraphQL, unterschiedlichen Designempfehlungen von allgemeinen Qualitätsmerkmalen bis hin zu Tipps zur technischen Umsetzung.

4.1 Qualitätsmerkmale

Auch wenn es noch keine allgemeingültige Norm zu Qualitätsmerkmalen eines API gibt, so existieren dennoch eine Menge Qualitätsstandards für Applikationen im Allgemeinen. Eine dieser Normen ist beispielsweise die recht weit verbreitete ISO/IEC 9126 [53] (siehe Abbildung 4–1).

Abb. 4–1
Qualitätsmerkmale der ISO/IEC 9126 [53]

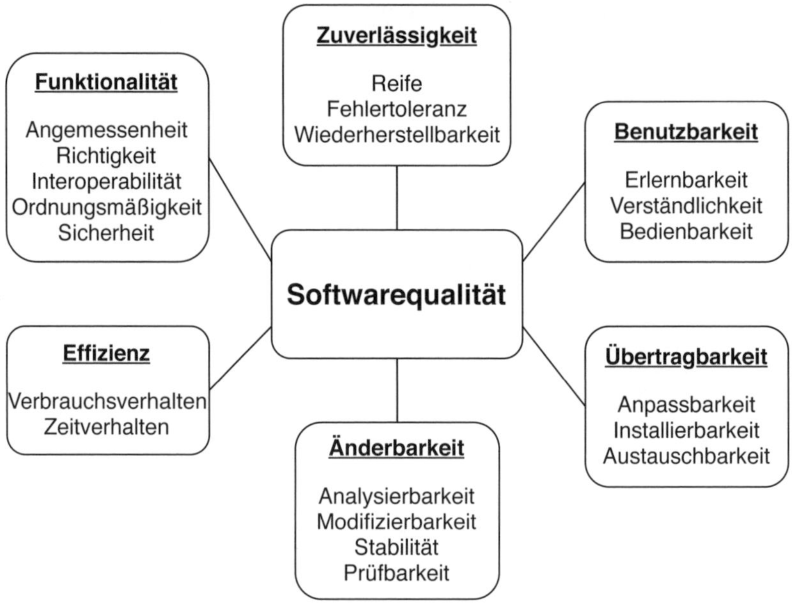

Auch Kai Spichale nimmt diesen Standard als Grundlage für die Qualitätsmerkmale eines API in seinem Buch *API-Design* [55]. Dabei legt er besonderen Fokus auf die Benutzbarkeit, Effizienz und Zuverlässigkeit des API. Benutzbarkeit setzt sich für ihn durch folgende Punkte zusammen:

- Konsistenz: Alle Elemente und Funktionen des API sind durchweg im gleichen Schema benannt (also nicht *cart* und *shoppingcart* für zwei gleichartige Elemente).
- Intuitiv verständlich: Alle Elemente und Funktionen des API sind entsprechend ihrer Funktion benannt.
- Dokumentiert: Alle Elemente und Funktionen des API sind in einer Dokumentation erklärt.
- Einprägsam und leicht zu lernen: Alle Elemente und Funktionen des API haben kurze, prägnante und einprägsame Bezeichner.
- Lesbaren Code fördernd: Alle Elemente und Funktionen des API haben semantisch und syntaktisch sinnige Namen.
- Schwer falsch zu verstehen: Alle Elemente und Funktionen des API sind eindeutig.
- Minimal: Das API stellt so wenige Elemente und Funktionen wie möglich zur Verfügung, aber so viele wie nötig.
- Stabil: Das API ist gegen Ausfälle abgesichert.

Da diese Punkte nie perfekt erfüllt, sondern nur angestrebt werden können, nennt Spichale sie Qualitätsziele für ein gutes API. Auffällig ist dabei der Fokus auf die einfache Benutzbarkeit des API. Der Begriff Einfachheit ist jedoch relativ. Hierfür kann Mark Duggers *Zen of Palm* zurate gezogen werden [14]. Das besagt, dass der Schwierigkeitsgrad zur Erfüllung einer Aufgabe proportional zum »Intelligenzgrad« des Anwenders sein sollte. Das bedeutet, dass ein Entwickler, der nur eine Liste von Filmen aus dem Jahr 2017 darstellen möchte, nicht dieselbe Lernbereitschaft für ein neues API zeigt, wie ein Entwickler, der anhand dieser Daten eine Plattform für individualisierte Filmempfehlungen entwickeln möchte.

Dieses Problem der Lernbereitschaft sehen auch Daniel Jacobson, Greg Brail und Dan Woods in *API – A Strategy Guide* [37]. Falls das eigene API nur eine von mehreren Möglichkeiten für einen Entwickler ist, wird dieser es nur wenige Minuten testen. Um am API interessiert zu bleiben, müssen schon in wenigen Minuten Fortschritte sichtbar sein. Das erreicht man, indem etwa die Funktionsweise an einem produktiven Beispiel gezeigt wird. Direktes Testen, noch auf der API-Webseite, kostenlose Testversionen des API und eine geradlinige Registrierung, ohne unnötige Hürden, können Entwickler schnell überzeugen, diesem den Vorzug gegenüber den Alternativen zu geben.

Aber nicht nur beim Einstieg ist die Einfachheit laut Daniel Jacobson, Greg Brail und Dan Woods relevant. Auch in der langfristigen Benutzung ist sie ein Schlüsselattribut. Erfolgreiche APIs haben nicht zu viele und vor allem keine nicht-relevanten Funktionen. Entwickler seien wählerisch, rechthaberisch und stets in Eile. Eine übersichtliche, aber mächtige Kollektion an Elementen und Funktionen mit einfachen Strukturen ist für Entwickler also interessanter als eine endlose Liste unnötiger Dinge.

> *»Mein Rat – je einfacher, desto besser. REST, JSON, einfache und geradlinige Services. Versuch nicht, es zu komplex zu machen. Fokussiere dich auf die Kernbausteine für das API. Mach eine Sache, mach sie wirklich gut, verpacke es mit einer einfachen Dokumentation und Code-Beispielen. Das sind die wesentlichen Punkte eines API.«*
> Kin Lane [37]

»Less is more« – weniger ist mehr, lautet also die Devise. Zu Beginn nur ein Minimum an Elementen und Funktionen bereitzustellen, hat nicht nur für die Übersicht Vorteile. Oft gehen APIs in andere Richtungen, als zuerst erwartet, eine möglichst kleine Basis gibt dem API maximal Raum für eine natürliche Evolution durch Feedback. Ist erst einmal ein

Element oder eine Funktion veröffentlicht, führt ihr Entfernen zu Brüchen in den Applikationen und Vertrauensverlust bei den Entwicklern. Dem kann zwar mit einer ausführlichen Versionierung entgegengewirkt werden. Das bedeutet dann jedoch einen Mehraufwand in der Entwicklung.

Zwar bedeutet GraphQL zu Beginn etwas Aufwand für die Definition der Schemas, kann danach jedoch in Bezug auf die Einfachheit des API deutlich punkten: Mit nur einem Einstiegspunkt und klar definierten, einfachen Schemas bleibt der Lernaufwand für Nutzer minimal. Und auch die Entwickler können durch das Kleinhalten des Schemas Einfluss auf die Einfachheit der veröffentlichten Ressourcen nehmen.

Ein API, das sich an die Entwicklern bekannten Konventionen hält, ist leichter zu erlernen, da nicht alles von Grund auf neu gelernt werden muss. Man sollte sich bewusst sein, welche Zielgruppe man bedient, und das Design auf diese optimieren. Es ist nicht möglich, ein API zu entwickeln, das alle Anforderungen jedes Entwicklers erfüllt. Das Design sollte für eine bestimmte Zielgruppe entwickelt werden, die Innovation kann danach immer noch überraschende Wege gehen.

Schnell zu testen, einfach zu verstehen, minimal, ohne unerwartetes Verhalten und für eine bestimmte Entwicklergruppe entworfen: Mit diesen fünf Punkten stimmen auch viele Unternehmen überein. So veröffentlichte zum Beispiel der südkoreanische Konzern LG 2014 seine vier wichtigsten Qualitätsmerkmale für APIs im Umfeld von Smart-TV-Plattformen in einem Whitepaper [39]:

- Eindeutigkeit: Der Name eines Elements entspricht seiner Funktion.
- Bequemlichkeit: Ein API hindert den Entwickler so wenig wie möglich.
- Primitivität: Ein API erledigt nur eine Aufgabe.
- Dokumentation: Ein API ist hinreichend dokumentiert.

Neben dem Unternehmen LG hat sich unter anderem auch die TU Wien mit dem Thema der Qualitätsmerkmale eines API beschäftigt und mit *Automated measurement of API usability: The API Concepts Framework* [50] eine mathematische Methodik zur transparenten Bewertung von API-Designs erstellt. Von dem auf Punkte basierenden System lassen sich natürlich auch mit etwas Interpretation einzelne Designempfehlungen ableiten.

Hiermit lassen sich dann beispielsweise folgende fünf Parameter innerhalb des Bewertungssystems erkennen:

- Die Gesamtzahl der Elemente und Funktionen des API sind von recht geringer Bedeutung. Obwohl zum Beispiel eine Auto-Vervollständigung in der IDE oder der Dokumentation mit mehr Optionen länger braucht, ist es schon vorher ein Problem, dass der Entwickler überhaupt in dieser Vorschlagsliste suchen muss.

- Um aber die Dokumentation oder Auto-Vervollständigung und andere Tool-Unterstützung zu verbessern, sollten möglichst wenige Elemente dieselben Präfixe haben.
- Die Anzahl der Parameter pro Funktion ist wesentlich relevanter. Laut der Studie gibt es einen exponentiellen Zusammenhang zwischen der Anzahl an Parametern und dem Verständnis für die Funktion. Funktionen mit jeweils einem, zwei und vier Parametern werden dabei mit je sieben, zwölf und 20 Sekunden bis zum Verständnis genannt.
- Zu viele Overloads der Funktion erschweren das Erfassen der richtigen Parameterkombination ebenso.
- Rückgabewerte, die lediglich zur Weiterverarbeitung dienen, werfen Probleme auf. Alle Funktionen sollten zwar etwas zurückgeben. Muss diese Rückgabe jedoch recycelt werden, ist es nachteilig. Hält zum Beispiel in einer Auflistung von Produktnamen einer Bestellung dieser Endpunkt nur IDs der Produkte bereit, müssen zusätzlich alle Endpunkte jedes einzelnen Produkts aufgerufen werden, um deren Namen zu erfahren. Umso weniger Arbeit die Interpretation einer Antwort macht, desto besser.

Es gibt also viele Meinungen und Merkmale für ein gutes API-Design. Bestenfalls sollten sie alle im API-Designprozess bedacht werden. Denn ein API, das lediglich die von den Entwicklern geforderten Funktionen bietet, wird nur so lange erfolgreich sein, bis ein eleganterer Konkurrent auf den Markt kommt.

4.2 Designempfehlungen

Wie schon bei den Qualitätsmerkmalen eines API behandelt, gibt es keinen Standard für gute oder schlechte APIs. Dementsprechend ist das Design eines GraphQL-API immer eine Frage der abgedeckten Anforderungen. Manche Designvorlagen können mehr Aufwand erfordern als Nutzen bringen. Andere widersprechen eventuell den Erwartungen der Nutzer.

Daher muss für jeden Fall individuell entschieden werden, welche Vorgehensweise am besten geeignet ist. Abseits davon lassen sich jedoch einige Erfahrungen in der Entwicklung von GraphQL-APIs in Empfehlungen verpacken, die trotzdem hilfreich sind.

4.2.1 Schemadesign-Empfehlungen

Nach der Definition einer ausreichenden Anzahl Use Cases könnte man schon eine große Menge an Objekten, Beziehungen, Feldern, Modifikatoren und vielem weiteren für das Graphenschema extrahieren. Jetzt direkt mit der Definition zu beginnen, um all das in Form zu bringen, kann jedoch schnell zu einem hohen Level an Komplexität führen. Bei der ersten Entwicklung eines Schemas ist vor allem eine gute Übersicht wichtig. Trotz vieler Ideen aus den Use Cases hilft es, mit einer sehr reduzierten Variante des Schemas zu beginnen.

Im ersten Schritt reicht ein Schema bestehend aus Objekten und deren Relationen; ohne Felder und Modifikatoren. Das erzeugt eine Übersicht, ähnlich einem *Entity-Relationship-Modell*. Übersichtlichkeit ist vor allem hilfreich, da man sich auf das Wesentliche eines GraphQL-Schemas konzentrieren kann: Objekte und ihrer Relation zueinander.

Geschäftsperspektive über Implementierungsdetails

Mit so erlangter Übersicht lässt sich anschließend das Schema filtern. Denn ein GraphQL-API sollte eine Schnittstelle für die Nutzer zur Applikation sein, nicht anders herum. Dementsprechend liegt beim Schemadesign mehr Fokus auf der Geschäftsperspektive als auf den Implementierungsdetails.

Beispielsweise werden Daten in einer relationalen Datenbank gespeichert. Diese hält spezielle Entitäten, etwa für Mehrfach-Beziehungen, an beiden Enden der Relation. Während diese Objekte zwar wichtig für die Implementierung der Applikation sind, haben sie keine besondere Bedeutung für den Nutzer. Dementsprechend können solche Objekte einfach im GraphQL-Schema durch die direkte Relation ersetzt werden, um das Hilfsobjekt zu entfernen und somit unnötige Komplexität zu verringern.

Auch die *Nullability* von GraphQL-Objekten und -Feldern – also die Fähigkeit, den Wert `null` halten zu können – kann mit dem Verständnis der Geschäftsperspektive helfen, das Schema zu vereinfachen. Das wird im folgenden Beispiel verdeutlicht. Es sind zwei Arten von Produktempfehlungen möglich: manuelle Empfehlungen, erstellt von einem Marketingexperten, und von maschinellem Lernen automatisch generierte Empfehlungen. Diese werden in der Applikation von zwei Entitäten repräsentiert, die sich aufgrund ihrer Ähnlichkeit von einem gemeinsamen Interface ableiten. Das könnte man genauso auch in einem GraphQL-Schema abbilden.

Listing 4–1
Zwei Arten von Produktempfehlungen

```
interface Recommendation {
  products: [Product]
}

type ManualReco implements Recommendation {
  products: [Product]
}

type AutomatedReco implements Recommendation{
  products: [Product]
  ruleset: [MLRule]
}
```

Was jedoch in diesem Beispiel deutlich auffällt: Die manuelle und automatische Empfehlung unterscheiden sich nur durch ein Feld. Letztere speichert eine Liste von Regeln für den Algorithmus des maschinellen Lernens im Array `ruleset`. Falls eine Produktempfehlung dieses Array also nicht hat, muss sie von einem Marketingexperten erstellt worden sein. Sie ist also eine manuelle Empfehlung. Beachtet man, dass Felder in GraphQL standardmäßig `null` – also nicht vorhanden – sein können, lässt sich das Schema deutlich vereinfachen.

Listing 4–2
Reduzierte Produktempfehlungen

```
"""
If ruleset is null,
it is a manualReco,
else it's a automatedReco
"""
type Recommendation {
  products: [Product]
  ruleset: [MLRule]
}
```

Es reicht die Definition einer einzelnen Empfehlung, um beide Unterarten abzubilden. Das neue Objekt hält zwar den Namen des Interface und nicht mehr der spezifischen Implementierung, das ist in diesem Kontext jedoch sinnvoll. Generell sollten Objekte und Felder im GraphQL-Schema nach ihrer semantischen Bedeutung innerhalb der Geschäftsperspektive – also dem Vokabular der Endnutzer oder zumindest des kundenzentrierten Geschäftsbereichs des Unternehmens – und nicht nach ihrer Datenbankentität, oder der vorherigen Legacy-API-Repräsentation benannt sein. Das sorgt dafür, dass Nutzer intuitiv verstehen, wofür ein Objekt oder Feld wirklich steht.

IDs und das Node-Muster

Einige technische Implementierungsdetails können jedoch auch im GraphQL-Schema sehr hilfreich sein. So hält ein Feld zur Identifikation eines Objekts zwar nicht unbedingt großen Nutzen aus Geschäftsperspektive, bringt jedoch Verbesserungen des API aus technischer Sicht mit sich.

Gerade für Caching-Zwecke (siehe Kapitel 5.5) ist eine eindeutige Identifikation einzelner Objekte sehr wichtig. Aber auch Mutationen und generelle Parametrisierung werden damit vereinfacht. Diese Identifizierbarkeit erreicht man üblicherweise durch das Hinzufügen eines ID-Felds. GraphQL bietet für diese IDs sogar einen nativen Datentyp. Um möglichst einheitlich alle Elemente entlang des Graphen mit diesen Feldern auszustatten, lohnt es sich, das sogenannte *Node-Muster* zu verwenden. Bei diesem Muster wird ein Interface mit dem ID-Feld geschaffen. Jedes einzelne Objekt wird nachfolgend als Implementierung dieses Interfaces angesehen.

Listing 4–3
Das Node-Muster

```
interface Node {
  id: ID
}

type Recommendation implements Node {
  id: ID
  products: [Product]
}

type Product implements Node {
  id: ID
  name: String
}
```

Nun ist nur noch darauf zu achten, dass alle Objekte innerhalb eines Graphs eine Implementierung des Node-Interface sind. Zusätzlich kann so gewährleistet werden, dass alle Nodes – und damit auch alle Objekte im Schema – eine eindeutige ID haben, die mit keinem anderen Objekt geteilt wird.

Jedes Objekt innerhalb des Graphen kann jetzt durch eine eindeutige ID erkannt und gerufen werden. Bei REST würde man nun Relationen abbilden, indem die ID eines anderen, in Relation stehenden Objekts als eigenes Feld ausgegeben wird. Doch das ist in GraphQL nicht zu empfehlen.

Jegliche Referenz auf eine andere ID würde zu einem REST-üblichen Roundtrip führen, also einem zweiten API-Aufruf, um die Daten des referenzierten Objekts zu erhalten. Dabei geht der große Vorteil von GraphQL verloren, nur noch einen Request gegen das API zu benötigen. Deshalb werden im Graphenschema Objekte ineinander verschachtelt, selbst wenn sie auch explizit dank dem Nodes-Muster über ihre ID gerufen werden können. Objekte sollten also stets nur eine einzige ID als Feld haben: ihre eigene.

Hilfreich ist die ID nicht nur beim Caching. Sie kann auch als Cursor für eine Paginierung dienen, die für lange Listen eine große Bedeutung hat. Mehr dazu in Kapitel 4.4.

Vorsicht mit den Feldern und deren Typisierung

Da mit der ID ein erstes Feld in das Schema eingeführt wurde, dürfen weitere folgen. Doch sollte man hier mit Bedacht vorgehen. Felder können in GraphQL-Schemas wesentlich einfacher hinzugefügt als geändert oder entfernt werden.

Es ist davon auszugehen, dass alle Felder, die durch das API zur Verfügung gestellt werden, auch direkt Abhängigkeiten in Clients aufbauen. Die Motivation besteht also, Objekte möglichst minimal zu halten. Man sollte sie zu Beginn nur um die Felder erweitern, die auch tatsächlich benötigt werden, selbst wenn die unterliegende Entität in der Datenbank riesig sein mag.

Nicht nur das Abbauen von Komplexität der unterliegenden Entitäten vereinfacht durch die geringere Zahl an benötigten Feldern die Objekte. Auch bei der Typisierung bietet GraphQL einiges, das dabei helfen kann. Die Möglichkeit, eigene Skalar-Typen zu definieren, erlaubt, Felder allein durch ihre Typisierung um semantische Bedeutung zu erweitern. Statt etwa mehrere Felder für die einzelnen Zahlenblöcke einer Datum-Uhrzeit-Kombination anzubieten, kann ein selbst definierter Skalar-Typ für eine formatierte Zusammenführung der Kombination in nur einem Feld für die gesamte Information dienen.

Das führt auch zu zusätzlicher Sicherheit. Statt nicht validierte Strings für HTML- oder Markdown-Eingaben zu verwenden, könnten eigens entwickelte HTML- oder Markdown-Typen direkt durch das Typsystem überprüfen, ob Eingaben valide sind.

Gerade String-Felder eignen sich hervorragend zur Optimierung des Typs. Ist etwa ein Set an möglichen Texten bekannt, die in einem Feld stehen könnten, so sollten diese immer als Enumeration eingeführt werden. Das ist zwar wesentlich restriktiver als der offene String-Typ, hilft jedoch dem Nutzer dabei, das Feld eindeutig verstehen zu können.

Gerade wenn man seinen String durch eine vordefinierte Liste an möglichen Werten für ein Enum vereinfacht hat, könnte das jedoch noch nicht restriktiv genug sein. Durch eine Besonderheit über alle

GraphQL-Typen hinweg, bietet eine Enumeration neben den vordefinierten Werten immer auch einen weiteren: Null.

Da alle Felder ohne expliziten *Non-Null*-Modifikator (siehe Kapitel 3.3.4) auch immer *leer* sein können, halten sie dadurch einen weiteren Wert. Vor allem bei Boolean-Typen ist das problematisch. Denn bei einem Boolean-Feld führt die Möglichkeit des `null`-Zustands zu drei statt zwei möglichen Ergebnissen. Diese drei Zustände sollten auch immer eine semantische Bedeutung aus Geschäftsperspektive haben, ansonsten müssen die Boolean-Felder mit dem *Non-Null*-Modifikator versehen werden, um den `null`-Zustand zu verhindern.

Geschäftslogik-Felder

Im Beispiel der automatisierten und manuellen Produktempfehlungen kann es zu dem Use Case kommen, dass Marketingexperten wissen möchten, ob ein Produkt bereits in einer automatischen Produktempfehlung vorhanden ist. Durch die Graphenstruktur des API müsste durch alle Produktempfehlungen iteriert werden, um auf das gewünschte Produkt in deren verlinkten Produktlisten zu prüfen.

Dieses Vorgehen ist sehr ineffizient. Effektiver ist es, solche Art Geschäftslogik auf dem Server durchzuführen und nicht in den einzelnen Clients. Das bedeutet jedoch auch, dass das Schema in diesen Fällen spezielle Felder oder Parameter benötigt, um das Ergebnis dieser Geschäftslogik-Operationen abzubilden. So könnte für den Fall des Produktchecks auf automatisierte Empfehlungen ein `hasProduct`-Parameter die Liste auf das gewünschte Objekt filtern. Die Geschäftslogik-Operation auf dem Client ist somit reduziert, da nur noch auf die Länge der empfangenen Liste reagiert werden muss.

Listing 4–4
Geschäftslogik durch Parameter

```
# Request
query RecoHasProduct {
  recommendations (hasProduct: 9234) {
    id
}}

# Response
{
  "data": {
    "recomendations": [{
      "id": 42
    }, {
      "id": 96
}]}}
```

```
# Result
bool autoDataHasProduct =
    response.data.recommendations.length > 0;
```

Hilfreich ist hier vor allem auch das Connections-Muster (siehe Kapitel 4.4.4). Es erlaubt, Informationen über die Relation, statt über das Objekt anzufragen. Statt die Art des Rückgabewerts durch Parameter zu beeinflussen, können damit zusätzliche Felder, die in Bezug zur Objekt-Relation stehen, hinzugefügt werden. Das erspart sogar die letzte logische Operation auf den Clients für das Ergebnis.

Geschäftslogik-Felder erleichtern dem Nutzer die Arbeit mit dem API. Dabei sollte jedoch nicht vergessen werden, dass der Hauptzweck eines API das zur Verfügungstellen der Daten ist. Daher sollten zu jedem Geschäftslogik-Feld auch die zugrunde liegenden Daten geliefert werden. Vor allem in einem offenen API ist es sowieso unmöglich, jegliche potenzielle Geschäftslogik aller Nutzer abzubilden. Die reine Datenstruktur sollte also immer höher als die erweiternden Geschäftslogik-Felder priorisiert werden.

4.2.2 Mutation-Designempfehlungen

Genauso wie beim Erstellen des Schemas sollte die erste Konzeption der Mutationen auf einem sehr hohen Level starten, um exakt zu identifizieren, was die einfachsten Formen an Mutationen ist, die benötigt werden. Ein guter erster Anhaltspunkt sind dabei die standardmäßigen CRUD-Operationen (Create, Read, Update, Delete).

Beim Beispiel der Produktempfehlung hätten wir somit ein *Create*, um Empfehlungen zu erstellen, *Delete*, um sie zu löschen, und *Update* für die Bearbeitung. Letzteres kann bedeuten, sowohl die Produktliste durch Hinzufügen, Umordnen oder Entfernen von Produkten als auch die Liste der Regeln für das maschinelle Lernen mit denselben Funktionen anzupassen. Das bedeutet also, eine Mutation zur Bearbeitung würde mehrere Operationen beinhalten.

Das ist nicht sehr eindeutig. Mutationen sind einfacher und zielführender, wenn sie eine Operation auf ein Objekt abbilden. Aus den Möglichkeiten zur Bearbeitung einer Produktempfehlung entstehen also unterschiedliche Mutationen mit eindeutigen Funktionen. Nimmt man die bisher abgeleiteten Operationen hinzu, ergibt sich folgende Auflistung:

- createRecommendations: um eine Produktempfehlung zu erstellen.
- deleteRecommendations: um eine Produktempfehlung zu entfernen.
- addProducts/addRules: um jeweils Produkte oder Regeln hinzuzufügen.

- removeProducts/removeRules: um jeweils Produkte oder Regeln zu entfernen.
- reorderProducts/reorderRules: um jeweils Produkte oder Regeln neu zu sortieren.

Auffällig ist hierbei, dass die Objekte in den Mutationsnamen im Plural geschrieben sind, beispielsweise `addProducts` statt `addProduct`. Da die Mutationen dafür gedacht sind, Listen zu manipulieren, wird ein gängiger Use Case wahrscheinlich darin liegen, mehrere Einträge gleichzeitig zu bearbeiten. Anstatt die Mutation immer wieder aufzurufen, können die Objektmutationen in nur einem Aufruf erledigt werden. Das verbessert die Performanz des API und bietet trotzdem die Möglichkeit, auch nur ein einzelnes Objekt zu übergeben.

Zu beachten ist auch die Namensgebung bei Mutationen. Hierfür gibt es von GraphQL zwar keine Vorgaben. Da jedoch durch das Schema alleine keine Gruppierungen möglich sind, sollte zur besseren Übersicht ein einheitliches Muster für die Benennung entwickelt werden. In diesem Beispiel setzen sich die Namen der Mutationen aus der Manipulationsart und dem zu manipulierenden Objekt zusammen. In dieser Form führt eine alphabetische Sortierung zu einer Übersicht, die Mutationen nach Funktionalität und nicht nach dem betroffenen Objekt sortiert auflistet. Sollte man Objekte über die Art der Operation bevorzugen, muss ein entsprechendes Muster für die Namensgebung gefunden werden.

Input-Typen

Damit ist zwar definiert, welche Mutationen möglich sind, jedoch nicht, wie genau sie funktionieren. Für das Löschen von Objekten ist dies leicht zu definieren: Die Mutationen übergeben im Payload IDs der Empfehlungen, Produkte oder Regeln, die gelöscht werden sollen, der Server führt die Operation aus.

Beim Erstellen und Bearbeiten von Objekten ist das jedoch schwieriger. Ähnlich der ID könnten als Parameter der Mutation alle gewünschten Felder als Argumente dienen. Doch bei großen Objekten kann das schnell zu einer unübersichtlichen Flut von Parametern führen.

Eine Alternative ist, die Objekte, die angepasst werden sollen, direkt zu übergeben. Das hat aber womöglich zur Folge, dass Nutzer Felder mitsenden, die gar nicht manipuliert werden dürfen; etwa das ID-Feld. Statt also auf dem Server restriktive und komplexe Validierungen der übergebenen Objekte durchführen zu müssen, bietet GraphQL eine Alternative: sogenannte Input-Typen.

Das sind spezielle Objekttypen, die im Payload der Mutation übergeben werden. Sie halten Repräsentationen der Felder, die in einer Mutation manipuliert werden dürfen. Man erstellt also gezielt *Eingabeobjekte*, die serverseitig auf das entsprechende Objekt der Mutation abgebildet werden. Das erlaubt, die Möglichkeiten zur Manipulation von Objekten schon durch die Definition der Mutationen strikt zu kontrollieren.

Bei der Definition von Input-Typen ist wie bei allen anderen Objekten darauf zu achten, das Objekt möglichst einfach zu halten. Das spätere Hinzufügen von Feldern ist wesentlich einfacher als das Entfernen existierender.

Da Input-Objekte Repräsentationen der zu manipulierenden Elemente sind, können die Felder der »normalen« Objekttypen, von denen sie abgeleitet sind, einfach kopiert werden. Doch bei jedem Feld sollte man sich fragen: Soll dieses Feld wirklich von einem Nutzer manipuliert werden können? Falls die Antwort darauf negativ ausfällt, kann das Feld im Input-Objekt einfach ausgelassen werden.

Andersherum stellt sich die Frage: Muss ein Feld in der Mutation dringend ausgefüllt sein? Dafür kann man sich auch bei Input-Typen die Type-Modifikatoren zunutze machen. Ein *Non-Null*-Modifikator innerhalb des Input-Objekts führt dazu, dass dieses Feld definitiv ausgefüllt werden muss.

Listing 4–5
Eine Definition von Input Typen

```
type product {
  id: ID
  name: String
  category: Category
  price: Number
}

input addProductInput {
  name: String!
  category: CategoryInput
  price: Number
}

mutation addProduct($recommendationId, $addProductInput) {
  addProduct ($recommendationId, $addProductInput) {
    recommendation {
      id
      products
    }
}}
```

Restriktionen wie diese haben jedoch auch einen Nachteil. Mutationen mit Input-Objekten, die streng typisierte Felder enthalten, müssen sowohl im GraphQL-Type-System als auch in der Geschäftslogik des Servers validiert werden. Das kann möglicherweise dazu führen, dass Nutzer zwei gescheiterte Requests in Kauf nehmen müssen, um alle Fehlermeldungen zu erhalten.

Um das zu umgehen, können Input-Felder weniger restriktiv typisiert sein, als die Objekte, deren Manipulation sie erlauben. Damit liegt die Validierungsverantwortung bei der Geschäftslogik, und Nutzer bekommen in nur einem Request alle relevanten Fehlermeldungen. Andererseits liegt der große Vorteil von GraphQL in der strikten Typisierung und den Möglichkeiten der einfachen Validierung im Typsystem. Dieser Vorteil würde dadurch untergraben, und wahrscheinlich motiviert eine striktere Typisierung der Input-Objekte Entwickler eher dazu, mehr Fokus auf die clientseitige Validierung zu legen, beispielsweise Datepicker statt Textfelder zu implementieren. Die Typisierung muss je nach gewünschtem Effekt lockerer oder strikter balanciert sein.

Ebenso zu balancieren ist die Anzahl ähnlicher Input-Typen. Als Beispiel: Ein einzelnes Produkt hält jeweils eine Mutation zu seiner Erstellung sowie zur Bearbeitung. Nun kann für beide Mutationen je ein Input-Objekt erzeugt werden. Diese halten spezifische Felder, die relevant für die durchzuführende Operation sind. Sie unterscheiden sich nur in sehr wenigen Feldern oder Modifikatoren. Das Produkt kann zum Beispiel unveränderbare Daten halten, die zur Erstellung zwar zwingend gepflegt, nachträglich aber nicht mehr verändert werden dürfen.

Beide Objekte mit einer eventuell langen Liste an gemeinsamen Feldern getrennt zu definieren, bedeutet eine Menge duplizierten Codes. Beide Input-Typen zusammenzuführen, spart diesen Mehraufwand und hält das Schema übersichtlicher. Es führt jedoch auch dazu, dass die Restriktionen, welche Felder beim Erstellen eines Produkts zwingend notwendig sind, gelockert werden müssen. Außerdem erlaubt es, Felder, die eigentlich nur bei Erstellung gepflegt werden sollten, auch bei der Bearbeitung zu übergeben. Es muss also wieder mehr Validierungsaufwand von Mutationen in der Geschäftslogik betrieben werden.

Rückgabewerte der Mutation

Zu guter Letzt ist im Beispiel 4–5 an der Mutationsdefinition zu erkennen, dass sie einen Query enthält. Diese Query steht für den Rückgabewert der Mutation. Rückgabewerte von Mutationen können in der Serverimplementierung frei bestimmt werden. Der empfohlene Standard für den Rückgabewert ist jedoch, das mutierte Objekt direkt wieder mit den angeforderten Feldern zurückzugeben, sofern die Operation erfolgreich war. Somit kann der Client direkt mit der Arbeit fortfahren, ohne die geänderten Objekte erneut abfragen zu müssen.

Das ist in den meisten GraphQL-Frameworks bereits implementiert. Zusätzlich kann der Mutations-Output noch um eventuelle Fehlermeldungen während der Operation erweitert werden. Mehr hierzu in Kapitel 4.5.

4.3 HTTP: Netzwerk-Design

GraphQL spezifiziert nicht, wie die Netzwerkschicht auszusehen hat. Es wird jedoch empfohlen, für die Kommunikation über Netzwerke das erprobte und weit verbreitete Hypertext Transfer Protocol (HTTP) zu verwenden. HTTP ist im Umfeld von APIs wohl am meisten durch REST bekannt. Dort bietet das Protokoll unterschiedliche Methoden für verschiedene Zwecke gegen diverse Endpunkte.

Da in REST mehrere Endpunkte verwaltet werden müssen, bedeutet dies, dass ein gutes Muster zur Benennung dieser Endpunkte entscheidend sein kann. Deshalb betreffen viele Design-Empfehlungen im REST-Umfeld die Benennung der einzelnen Ressourcen-Endpunkte, die Verwendung der diversen HTTP-Methoden auf diese Endpunkte, sowie die Gestaltung der Parameter.

Da GraphQL meist nur einen einzelnen Endpunkt liefert, ist die Gestaltung dieses Endpunkts nicht so wichtig. Sehr häufig wird hierfür einfach die URI `/graphql` verwendet. Rund um die Namensgebung liegt bei GraphQL der Hauptfokus von Design-Empfehlungen darauf, ein möglichst sinniges Schema zu generieren. Zudem sind bei GraphQL auch nur zwei der vielen nativen HTTP-Methoden im Einsatz: GET und POST.

4.3.1 POST-Requests

POST-Methoden werden in gutem REST-Design üblicherweise exklusiv für das Erstellen von neuen Objekten verwendet. In GraphQL ist die Methode hingegen für jegliche Kommunikation mit der Applikation im Einsatz. Das Payload der Methode, also der angehängte Platz für Informationen, bietet die perfekte Möglichkeit, zum Senden der relevanten Query, Variablen und sonstigen Anfragen. Dementsprechend werden alle Informationen zu einem Request, ob nun Query oder Mutation, innerhalb des Payloads eines POST Requests gehalten.

Das hat noch weitere Vorteile. Beispielsweise können mehrere Anfragen über nur einen POST-Request durch Listen von auszuführenden Querys oder Mutationen in der Payload bearbeitet werden. Das spart Netzwerk-Ressourcen und optimiert die Performanz. Zusätzlich kann der Typ *application/graphql* als Payload-Identifikation verwendet werden, um das Auslesen der Query für den GraphQL-Server noch einfacher zu gestalten. Implementierungen wie *express-graphql* bieten diesen Payload-Identifikator für die Netzwerk-Kommunikation schon standardmäßig an.

Die Struktur des Payloads ist von GraphQL nicht näher spezifiziert und kann somit frei gewählt werden. Es empfiehlt sich jedoch, JSON zu verwenden. Da die eigene Query-Sprache an dieses Format angelehnt ist, ähneln sich damit Request und Response deutlich. Das ist ein klarer Vorteil.

Die Methode des GraphQL HTTP POST Requests für die Netzwerk-Kommunikation ist der De-facto-Standard und sieht in seiner Umsetzung aus wie das folgende Beispiel.

Listing 4–6
POST Request eines GraphQL Query

```
POST /graphql HTTP/1.1
Host: apibasics.de
Content-Type: application/graphql

{
  "query": "product(id=$productId){name}",
  "operationName": "FilteredProduct",
  "variables": {"productId": "K1096760"}
}
```

4.3.2 GET-Requests

Anfragen an die API mit der Methode GET sind laut HTTP lediglich lesende Zugriffe. GET Requests können also auch bei GraphQL nur Querys und keine Mutationen abbilden. Beschränkt man sein API also auf die Verwendung von GET-Methoden, hat man einen einfachen Weg, um lediglich einen lesenden Zugriff auf die Applikation zu gewähren. Das Query muss dabei als URL-Parameter des Requests angegeben werden. Es wird empfohlen, korrekte URL-Codierung zu verwenden, also Sonderzeichen innerhalb der Query in ASCII umzuwandeln. Dadurch wird beispielsweise aus { die Zeichenfolge `%7B`.

Listing 4–7
GET Request Query

```
# Query
query {
  product {
    name
}}

# Request
$ curl https://myapi.com/graphql?query=%7Bproduct%7Bname%7D%7D}
```

Wie das Beispiel zeigt, hat die GET-Methode den klaren Nachteil fehlender Übersicht. Die URL-Encodierung der JSON-ähnlichen Query-Struktur verkompliziert den Request und sorgt für Einschränkungen in der Lesbarkeit des Requests. Sollten dann noch zusätzliche URL-Parameter wie Variablen hinzukommen, wird das ganze noch unübersichtlicher. Das kann aber auch eine gute Methode sein, um Nutzer dazu zu zwingen, nur simple Querys zu verwenden.

Das größere Problem ist jedoch, dass einige Browser eine Restriktion auf die Maximallänge von URIs halten. Komplizierte Querys, die in einer entsprechenden Länge resultieren würden, können also gar nicht funktional sicher über GET-Requests abgebildet werden.

Notfalls helfen auch Tools wie Apollos Link Library [7] dabei, die korrekten und gekürzten GET Requests automatisiert aus der definierten Query zu erzeugen. Doch der ideale Weg für komplexe Abfragen gegen ein GraphQL-API bleibt die POST-Methode.

4.3.3 Responses

Die Antworten von GraphQL-Querys und -Mutationen sollten immer durch die JSON-Repräsentation der angefragten oder veränderten Daten im Payload der Response erfolgen. Durch Designempfehlungen für das Error Handling (siehe Kapitel 4.5) können Antworten sowohl die Daten als auch Fehlermeldungen beinhalten. Das sollte auch in der Struktur dieser Antworten abgebildet sein. Auf höchster Ebene sollten die erwarteten Daten innerhalb eines `data`-Blocks stehen; die aufgetretenen Fehlermeldungen hingegen in einem auf gleicher Ebene stehenden `error`-Block.

Wenn keine Fehler aufgetreten sind, der `error`-Block also leer ist, sollte dieser einfach weggelassen werden. Somit kann clientseitig eine einfache Abfrage nach der Existenz des `error`-Blocks bereits anzeigen, ob Fehler aufgetreten sind. Der `data`-Block hingegen sollte immer vertreten sein.

4.4 Pagination

Pagination bedeutet, eine Liste in verschiedene Teile zu teilen, die man einfach durchwechseln kann; sozusagen in verschiedene Seiten, durch die durchgeblättert wird. Es ermöglicht also, eine lange Liste in Sublisten aufzuteilen, die für eine bessere Übersicht nacheinander angefragt werden können. Die Pagination ist beispielsweise hilfreich, wenn man in einem Onlineshop innerhalb eines Katalogs nach allen Produkten suchen möchte.

Listing 4–8
Produktsuche-Request

```
# Request
query searchProducts {
  catalog {
    edition
    product {
      name
}}}
```

Ohne Pagination müsste eine lange Liste, die zum Beispiel eine Millionen Produkte übersteigt, in einer einzigen JSON-Repräsentation untergebracht werden. Das ist nicht nur eine riesiges Paket für das Netzwerk, sondern ist auch ein Problem für die Client-Applikation, die das JSON in Objekte auflösen muss. Vom Darstellen einer Million Produkte auf einer einzelnen Seite ganz zu schweigen. Die Pagination löst also mehrere Probleme mit zu langen Listen.

4.4.1 Splicing

Die einfachste Lösung ist, diese große Anzahl an Produkten in der Response zu reduzieren, indem man eine maximale Anzahl an Ergebnissen als beschränkenden Parameter übergibt.

Listing 4–9
Request mit Splicing

```
# Request
query searchProducts {
  catalog {
    edition
    product(first:10) {
      name
}}}
```

Das würde dazu führen, dass als Ergebnis lediglich die ersten zehn Ergebnisse übergeben werden. Diese einfachste Art der Pagination nennt man *Slicing*. Das Problem dabei ist jedoch: Es werden eben immer nur die ersten zehn angezeigt. Sollte das gewünschte Produkt nicht in dieser Auswahl liegen, kann man es nicht anzeigen.

4.4.2 Offset-basierte Pagination

Um durch die verschiedenen *Slices* durchblättern zu können, muss noch ein weiterer Parameter hinzugefügt werden, der bestimmt, welcher Teil der Liste gerade angefordert wird. Dieser zweite Wert nennt sich *Offset* und kann alles Mögliche sein: etwa die *Seite*, auf der man sich befindet – also die Nummer der Subliste –, oder der Index des zuletzt angezeigten Eintrags der Liste. Ebenfalls eignet sich hier die ID oder jede andere Identifikation eines Elements für den Beginn des nächsten Listenteils.

Listing 4–10 *Request mit Offset-basierter Pagination*

```
# Request
query searchProducts {
  catalog {
    edition
    product(offset:10, amount: 10) {
      name
}}}
```

Mit diesen beiden Parametern können sowohl der Startpunkt einer Teilliste als auch die Anzahl der Produkte innerhalb dieser bestimmt werden. Bei einer Folgeanfrage der nächsten Teilliste an Produkten kann nun die Anzahl angezeigter Produkte auf das nächste Offset gerechnet werden. Eine einfache Methode, um übersichtlich durch eine lange Liste zu wechseln.

4.4.3 Cursor-basierte Pagination

Die zwei einfachen Zahlen in Listing 4–10 haben jedoch keinen großen Bezug zur eigentlichen Liste, sondern nur zu ihrem Index. Kunden orientieren sich jedoch eher an den Produkten als an deren Position innerhalb einer Liste. Möchte man die Pagination an einem bestimmten Produkt beginnen, muss man stets seine Indexposition innerhalb der Liste kennen. Eine mögliche neue Sortierung würde also zu einem komplett neuen Startpunkt und einer neuen Auswahl führen, möglicherweise ohne Orientierung für den Kunden.

Eine stabilere Methode ist, sich die ID des zuletzt übergebenen Produkts zu merken und diese als Startpunkt für die nächste Teilliste zu deklarieren. So kann man sicher sein, auch wirklich immer einen korrekten, identifizierbaren Punkt innerhalb der Liste persistent zu haben.

Listing 4–11
Request mit ID-Offset-basierter Pagination

```
# Request
query searchProducts {
  catalog {
    edition
    product(amount: 10, after: $productId) {
      id
      name
}}}
```

Der Nachteil hierbei: Wie schon beim indexbasierten Offset hat vor allem mit der ID als Startpunkt die derzeitige Position innerhalb der Liste eine semantische Bedeutung für die Nutzer. Das kann zu semantischen Erwartungen an das Feld führen. Eine Anpassung der Offset-Methode bei neuen Anforderungen kann deshalb schnell in einem Bruch der semantischen Erwartung und damit eventuell der Applikation führen.

Eine Lösung dieser möglichen Erwartung besteht darin, den Parameter für die Identifikation des Teillisten-Startpunkts in ein abstraktes Feld zu extrahieren: einem sogenannten *Cursor*. Dieser steht stellvertretend für die Position innerhalb der Liste, unabhängig von der Art und Weise seiner Identifikation. Um sicherzugehen, dass dem Cursor keine semantische Bedeutung zugewiesen wird, kann man den Wert des Feldes auch Base64-codieren.

4.4.4 Edges und Connections

Doch nun stellt sich die Frage: Wo wird dieser Cursor bestenfalls persistiert? Das Feld ist selbst nicht relevant für das Produkt innerhalb der Liste, da es sich nicht auf das Objekt, sondern auf die Liste bezieht. Ein einzelnes Produkt anzufragen und dann ein Cursor-Feld zu erhalten ist auch nicht sinnvoll und würde den Nutzer wohl nur unnötig verwirren.

Zur Lösung des Problems muss eine Abstraktionsschicht zwischen dem Katalog und den Produkten eingeführt werden; sozusagen die Kante der Relation, die die Liste darstellt: sogenannte *Edges*. Diese halten sowohl die Felder des Nodes als auch den Cursor.

Listing 4–12
Request mit Edge und Cursor

```
# Request
query searchProducts {
  catalog {
    edition
```

```
    product(amount: 10, after: $cursor) {
      edges {
        node {
          name
        }
        cursor
}}}}
```

Diese Edge kann um weitere Informationen erweitert werden, die nicht unbedingt zum Node, aber zur Relation der beiden Objekte gehörten: zum Beispiel seit wann das Produkt schon in einem Katalog steht oder wie lange es noch in einem stehen wird.

Da man individuelle Metainformationen zu einzelnen Objekten innerhalb der Liste erhalten kann, möchte man eventuell auch Informationen in Bezug auf die gesamte Liste bekommen: Etwa, wie viele Elemente die Liste insgesamt hat, ob die derzeitige Teilliste schon das finale Stück ist oder zumindest, was der letzte mögliche Cursor ist.

Listing 4–13
Request mit Connection Pattern

```
# Request
query searchProducts {
  catalog {
    edition
    product(amount: 2, after: "i21acHEr==") {
      totalCount
      edges {
        node {
          name
        }
        cursor
      }
      pageInfo {
        endCursor
        hasNextPage
}}}}

# Result
{
  "data": {
    "catalog": {
       "edition": "04/2020",
       "productsConnection": {
          "totalCount": 30000,
```

```
        "edges": [
          {
            "node": {
              "name": "Toast"
            },
            "cursor": "iajs213yMg=="
          },{
            "node": {
              "name": "Pumpernickel"
            },
            "cursor": "342msyMw=="
        }],
        "pageInfo": {
          "endCursor": "342msyMw==",
          "hasNextPage": true
}}}}}
```

All diese Informationen sind wichtig für die Verbindung zur Liste und haben nun einen Platz. Die neue Abstraktion der Edges führt dazu, dass das Element unter `product` nicht mehr nur für ein einzelnes Produkt, sondern als Repräsentation für die Verbindung des Katalogs zu der Liste an Produkten steht. Dieser Fokus auf die Verbindung findet im *Connections Pattern* eine offizielle, formale Spezifikation durch das Relay-Projekt [47].

4.5 Fehlermanagement

Es gibt kein perfektes System. Fehler sind ein Teil eines jeden Systems, besonders, wenn Nutzer involviert sind. Ein gutes System unterscheidet sich also nicht unbedingt von einem schlechten durch die Anzahl von Fehlern, die auftreten, sondern eher, durch die Art, wie es mit diesen Fehlern umgeht. Das sogenannte Error Handling hat vor allem auch bei Schnittstellen, die komplexe Nutzeranfragen zulassen – wie eben GraphQL –, eine große Bedeutung.

Das Wichtigste vornweg: Es gibt unterschiedliche Fehlerarten. Generell können Fehler in die folgenden drei Kategorien zusammengefasst werden:

- Application Errors: Fehler in der Applikation; falls beispielsweise der Server nicht erreichbar, oder etwas anderes, Unerwartetes in der Infrastruktur aufgetreten ist.

- Type Errors: Fehler im Typsystem; kommen vor, wenn ein Feld mit dem falschen Typen gesendet wurde: etwa ein String-Wert als Parameter für ein im Schema als `number` deklariertes Feld.
- Validation Errors: Fehler in der Geschäftslogik; sozusagen semantische Errors: beispielsweise bei der Validierung einer Anfrage, wenn bei einem Rating von eins bis zehn alle Produkte mit einer Wertung von zwölf angefragt werden.

4.5.1 Application Errors

Zu beachten ist dabei immer: Unterschiedliche Fehlerkategorien haben auch verschiedene Zielgruppen. Beispielsweise sind Application Errors generell zwar relevant für den Client, die Details des genauen Fehlers sollten dabei jedoch nur die API-Entwickler erhalten. Gerade die Fehlerdetails der Application Errors könnten Informationen über die Applikation an sich verraten, mit denen destruktiv motivierte Nutzer einigen zusätzlichen Schaden anrichten könnten.

Application Errors sollten also durch ein gutes Logging serverseitig überwacht und nur mit oberflächlichem Informationsgehalt an den Client kommuniziert werden. Idealerweise bietet sich hierfür das erprobte Konzept der HTTP-Statuscodes an. Üblicherweise steht hierbei die Rückgabe einer Zahl mit definierter Bedeutung im Header der Response für einen bestimmten Status der Aktion, 200 ist etwa eine erfolgreiche Durchführung. In der HTTP-Spezifikation ist der 500er-Zahlenraum für Application Errors reserviert. Demnach können diese Fehler einfach durch die Response eines 500-Statuscode eine eindeutige und ausreichende Kommunikation an die Clients sicherstellen.

4.5.2 Type und Validation Errors

Typ- und Validierungsfehler sind im Vergleich zu den Application Errors wesentlich interessanter für Nutzer des API, da sie zumeist in direktem Bezug zu fehlerhafter Nutzung der Schnittstelle stehen. Typfehler beziehen sich meist auf die Syntax eines spezifischen Felds und sind eher relevant für die Entwickler der Clients, um die Eingabe des Nutzers mit Typen einzuschränken. Je nach gewünschtem Freiheitsgrad der Eingaben des Clients kann hingegen auch einfach nur eine Fehlermeldung direkt an den Nutzer angezeigt werden.

Dasselbe gilt für Validierungsfehler. Diese bedeuten meist eine semantisch falsche Eingabe und können entweder für die Entwickler relevant sein, um weitere Einschränkungen einzuführen, oder aber den Nutzern zur Verbesserung der Eingabe dienen. Entsprechend den Erwartungen an den Client muss bedacht werden, wie technisch die Fehlermeldungen sein dürfen. Ist der Entwickler des Clients derjenige, der die Fehler abfangen sollte, oder kommt ein Endnutzer der Applikation in Kontakt mit der Fehlermeldung?

4.5.3 Fehler mit partiellen Ergebnissen

Sind diese Fragen geklärt, stellt sich die nächste: An welcher Stelle sollten die Fehlermeldungen übergeben werden? Der Vorteil bei GraphQL: Werfen einzelne Resolver Fehler, muss nicht die komplette Antwort wie etwa bei Application Errors scheitern. Manchmal ergibt auch ein partielles Ergebnis einer Anfrage schon Sinn. Die Aufgabe ist also, sowohl ein partielles Ergebnis als auch die Fehler zu übergeben.

Vor allem bei Typfehlern läge die Vermutung nahe, die Fehlermeldungen direkt an die entsprechenden Felder innerhalb des Objekts im Graphen anzuhängen. Das Problem hierbei ist jedoch, dass die Fehlermeldungen dann im schlimmsten Fall über einen kompletten Graphen verteilt wären. Zudem müsste der Client für jedes Feld, das abgefragt wird, nicht nur das Ergebnis, sondern gleichzeitig auch ein optionales Zusatzfeld für einen möglichen Fehler erwarten. Ein Aufwand, der vor allem bei vielen Feldern schnell zu groß werden kann.

Besser ist eine globale Stelle innerhalb der Antwort, die für Fehler reserviert ist. Hierfür kann jeder einzelne Error als einzelnes Objekt verpackt werden. Diese Error-Objekte beinhalten dann wieder den Bezug zum Feld des Fehlerursprungs sowie die entsprechende Meldung zum Fehlergrund. Der *Ursprungsort* eines Fehlers kann dabei unterschiedlich angezeigt werden. Je nach Zielgruppe der Fehlermeldung kann – gleich einer integrierten Entwicklungsumgebung – die Position innerhalb des Query-Codes angezeigt werden. Alternativ kann – für den Endnutzer relevanter – die Position innerhalb des Graphen die Identifikation des Fehlerursprungs sein.

Da gerade bei großen Querys mit vielen Objekten und Feldern als Rückgabewert mehrere Fehler auftreten können, sollten die Error-Objekte in der Response in einem entsprechenden Error-Array gehalten werden.

Listing 4–14 *Fehlerhafte Produktsuche*

```
# Request
query searchProducts {
  category {
    name
    product (rating > "3 Stars") {
      name
      rating
}}}
```

```
# Response
{
  "error": [{
     "message": "Ratings must be a number!",
     "locations": [{
       "line": 4,
       "column": 13
     }],
     "fields": [{
       "searchProducts",
       "category",
       "product"
  }]}],
  "data": {
    "category": [{
      "name": "food"
    },{
      "name": "sanitary"
}}]}}
```

Nun können alle Fehler einfach durch das Auslesen des `error`-Blocks gesammelt und verarbeitet werden. Der `data`-Block hält nun unabhängig von Fehlern zumindest ein Teilergebnis, das wie gewohnt verarbeitet werden kann.

Sollte es zu keinem Fehler bei der Verarbeitung des Requests kommen, kann das zusätzliche Array einfach weggelassen werden, um nur die korrekten Daten zu senden. Damit kann eine Überprüfung auf die Existenz des Fehler-Arrays bereits ein einfacher Check auf den Erfolg einer Anfrage sein. Dieses Vorgehen steht auch in den meisten Implementierungen von GraphQL-Servern bereits zur Verfügung.

4.5.4 Fehler ohne Teilergebnisse

Diese Error-Objekte innerhalb des globalen Arrays können auch für Validation Errors genutzt werden, die nicht unbedingt einen direkten Bezug zu einem individuellen Feld haben. Hierfür kann man einfach die `locations`- oder `fields`-Referenz auslassen.

Doch für manche Validierungsfehler reicht eine simple Fehlermeldung nicht aus. Wenn ein wichtiges Feld beim Anlegen eines neuen Objekts einen Fehler wirft, sollte das Feld dann ohne das fehlerwerfende Objekt angelegt werden? Es gibt genug Gründe, um zumindest darüber zu diskutieren, ob eine Operation, die nur teilweise erfolgreich ist, mit den erfolgreichen Teilen durchgeführt werden sollte oder doch als komplett gescheitert gelten muss.

Für den Fall, dass ein Request auch bei teilweisem Erfolg als gescheitert betrachtet werden soll, kann die Response zwei Formen annehmen: Entweder sie ist erfolgreich und hält die gewünschten Daten bereit oder sie ist gescheitert und enthält die Fehlerinformationen. Mithilfe der Union-Types (siehe Kapitel 3.3.8) kann man das auch recht einfach im Schema abbilden.

Zuerst muss ein spezifischer Payload für die Response deklariert sein. Dieser Payload definiert eine Union aus entweder den gewünschten, beziehungsweise geänderten Daten, oder aber aus einem Error-Objekt.

Listing 4–15
Error und Data Union

```
# Objects
type Category {
  description: String
  products: [Product]
}
...
# Error
type Error {
  type: ErrorTypes
  message: String
  location: [String]
  field: [String]
}
enum ErrorTypes {
  TYPEERROR
  VALIDATIONERROR
}

# Response Payload
union SearchResult = Category | Error
```

Sollte die Operation erfolgreich sein, kann anschließend das korrekte Datenset gesendet werden. Sollte sie jedoch auch nur teilweise scheitern, wird direkt der resultierende Error ohne zusätzliche Teildaten gesendet. Der Client bekommt entsprechend entweder die Daten oder einen Fehler, jedoch nie beides.

Letztendlich kann die Methode des Error-Objekts auch für weitere Informationen neben den Statuscodes bei Application Errors verwendet werden.

5 API-Design II: Die Landschaft um das API

Für die Entwicklung eines guten API ist nicht nur wichtig, wie die Schnittstelle gestaltet wurde, sondern auch, wie sein Umfeld aussieht. Schon in Kapitel 4.1 über Qualitätsmerkmale eines API wird beispielsweise deutlich, dass Dokumentation ein wichtiger Teil eines guten API-Design ist. Die Dokumentation ist jedoch nicht unbedingt ein Teil der Schnittstelle, sondern umgibt sie.

Darum umfasst der zweite Teil zum Thema API-Design Tipps und Tools zur Landschaft um die GraphQL-Schnittstelle. Von der Autorisierung über Versionierung bis zur Performanzoptimierung muss klar sein: Ein gutes GraphQL-API ist mehr als nur ein gutes Schema.

5.1 Autorisierung

Autorisierung ist eine Geschäftslogik innerhalb einer Applikation, die Zugriffe auf spezifische Daten des API entsprechend zuvor definierter Rechte organisiert. Ein Kunde sollte beispielsweise in einem Onlineshop nur Zugriffe auf seine eigene Bestellhistorie erhalten, während er denselben Endpunkt aktiviert, wie ein anderer Kunde. Die Autorisierung ist also eine Kernfunktionalität in Bezug auf den Datenschutz von Applikationen und deshalb auch für GraphQL-APIs wichtig.

Bei REST ist die Autorisierung einfach: Zugriffe auf verschiedene Endpunkte können gezielt über Authentifizierungen erlaubt oder verboten werden. Dadurch bekommt ein Nutzer etwa Details über eine Bestellung mit einer angegebenen ID nur dann, wenn er dafür auch autorisiert ist. Ansonsten wird der komplette Endpunkt blockiert und sendet eine Fehlermeldung zurück.

5.1.1 GraphQLs Probleme mit Autorisierung

Da GraphQL in vielen Fällen nur einen einzelnen Endpunkt zum Einstieg in die Graphenstruktur der Datenschicht bietet, kann die Methode der Autorisierung eines kompletten Endpunkts höchstens zur Zugriffskontrolle des gesamten API, nicht aber dessen Teilbereiche verwendet werden.

Diese Variante reicht für ein Zugriffsmanagement auf einer Ebene mit direktem Bezug zu den gespeicherten Daten in GraphQL nicht aus. Eine weitere Position für die Autorisierung könnte eine Ebene darunter innerhalb des GraphQL-Servers sein: während der Validierung des Querys oder der Mutation. Das würde bedeuten, dass jede Anfrage nicht nur auf seine korrekte Syntax gegen das GraphQL-Schema validiert wird, sondern auch, ob eine Autorisierung der einzelnen, abgefragten Objekte vorliegt. Damit müsste zuerst das Wissen über die Rechte und Rollen einzelner Nutzer an den API-Server gelangen. Dieser bräuchte also für jede Anfrage einen Zugriff auf ein System zur Verifizierung der Rolle eines Nutzers und müsste persistieren, welche Objekte für eine bestimmte Rolle zugänglich sind. Das würde die Validierung sehr verlangsamen und so das Feedback zu falschen Anfragen des Nutzers blockieren.

Eine weitere Variante ist der Aufruf der Resolver. Auch hier ist weiterhin die externe Abhängigkeit zu einem Authentifizierungsservice für die Berechtigungsrolle des anfragenden Nutzers erforderlich. Und zudem können eventuell mehrere unterschiedliche Resolver für ein Objekt vorliegen, je nachdem welche Wege es entlang eines Graphen gibt. Es müsste also eine Synchronisierung über alle Resolver hinweg erfolgen.

Diese Synchronisierung müsste es in beiden Fällen ebenfalls über mehrere APIs hinweg geben, sollten zusätzlich noch andere Endpunkte auf die Daten zugreifen, etwa ein zusätzlicher REST-Endpunkt für die einfachere Manipulation der Daten, oder ein gRPC-Endpunkt für die Maschine-zu-Maschine-Kommunikation.

5.1.2 Autorisierung auf Ebene der Geschäftslogik

> *»Delegiere Autorisierungs-Logik an die Ebene der Geschäftslogik«*
> GraphQL-Best-Practice zu Autorisierung [17]

Das alles ist ein ziemlich großer Zusatzaufwand, der einfach umgangen werden kann. Wie auch die offizielle *Best-Practice*-Seite von GraphQL empfiehlt, ist die Autorisierung eine universelle Geschäftslogik der Applikation und nicht unbedingt des API selbst. Sie sollte also in einem dafür vorgesehenen Bereich innerhalb der Applikation liegen: in einer neuen Middleware hinter den Resolvern der API. Diese wird weithin als *Business Logic Layer* bezeichnet: also Geschäftslogikebene (siehe Abbildung 5–1).

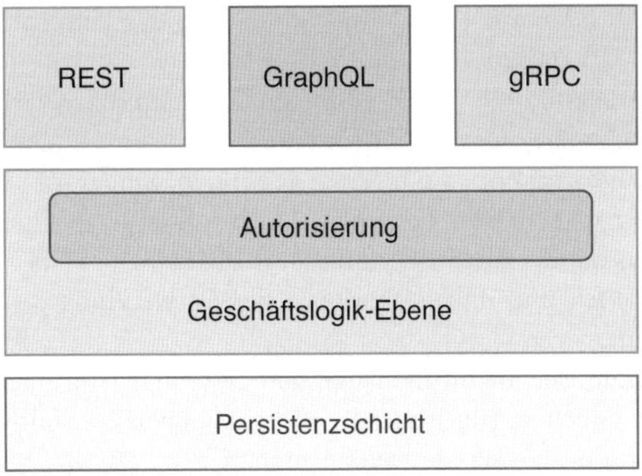

Abb. 5–1
Autorisierung auf Geschäftslogikebene

Im besten Fall muss sich das GraphQL-API also keine Gedanken über Zugriffsrechte der Nutzer machen, sondern übergibt die Anfrage samt Authentifizierungs-Token in den Resolvern an die Applikation, die als Teil ihrer Implementierung die Autorisierung der Daten auf einer universalen Ebene innerhalb der Services durchführt. Die Resolver erhalten entsprechend den Zugriffsrechten entweder die angeforderten Daten oder einen Fehler von der Applikation zurück und können dann adäquat reagieren.

Bei der Gestaltung eines API für eine Applikation sollte demnach die Autorisierung keine große Rolle spielen. Zu beachten bleibt jedoch: Die Applikation braucht eventuell die Weitergabe von Authentifizierungsinformationen und sendet gegebenenfalls Fehler, die entsprechend behandelt werden müssen. Mehr zum Fehlermanagement in Kapitel 4.5.

5.2 Dokumentation

Der erste Blick beim Testen oder bei der Adaption einer neuen Software geht zumeist in die Dokumentation. Daher ist diese stets ein frühes Indiz für die Qualität eines Systems. Dieses deutliche Qualitätsmerkmal bekommt jedoch von vielen Entwicklern nicht den verdienten Fokus.

Dabei spielen vor allem im Bereich der APIs Dokumentationen eine noch signifikantere Rolle: Datenstrukturen, erlaubte Zugriffe und mögliche Manipulationsarten von APIs sind ein abstraktes und komplexes Gebilde. Wird ein API einfach undokumentiert entwickelt und versucht, später eine neue Applikation anzubinden, kann es schwierig sein, die richtigen Objekte und Methoden zu finden. Das Problem vertieft sich natürlich noch wesentlich mehr, wenn ein anderes Team (egal ob innerhalb oder noch schlimmer außerhalb des Unternehmens) auf ein offenes API zugreifen will.

Hat man einmal die Beschreibungen der Endpunkte verloren, kann es äußerst schwierig sein – oder für externe Nutzer schlicht zu aufwendig –, diese Informationen wieder zu gewinnen. Eine undokumentiertes API ist also zum Scheitern verurteilt. Doch sollten Entwickler sich auch nicht auf das händische Erstellen und das Überarbeiten einer Dokumentation versteifen und dabei ständig in der Entwicklung des API selbst geblockt sein.

Die Zeiten der ausführlich manuell erstellten Dokumentation gehören zum Glück mittlerweile der Vergangenheit an. Für so gut wie jede API-Technologie findet man Unmengen an Werkzeugen, um die Dokumentation so einfach und dynamisch wie möglich zu gestalten. Das bedeutet aber auch, dass man sich bereits zu Beginn der Entwicklung entscheiden muss, welche Art der Dokumentation das eigene API bereithalten soll, um die dynamische Erzeugung in den Entwicklungsprozess einzubauen.

Bei REST ist beispielsweise die OpenAPI Specification – auch bekannt als Swagger – klarer Standard für die Dokumentation. Diese generiert anhand von zuvor im Daten-Serialisierungs-Standard YAML erstellten API-Contracts oder direkt vom Controller Code aus eine statische Liste an Ressourcen und den erlaubten Methoden auf diese. In dieser HTML-Dokumentation kann die API direkt getestet und Requests darauf ausgeführt werden. Doch gibt es auch etwas Ähnliches für GraphQL?

5.2.1 Statische Dokumentation

Ein großer Vorteil bei GraphQL: Durch das Erstellen eines Schemas sind veröffentlichte Daten, deren Struktur sowie mögliche Funktionen darauf im GraphQL-Server bereits definiert. Es ist also einfach, zumindest eine rudimentäre Dokumentation zu publizieren, indem man das definierte Schema und die darauf liegenden Mutationen veröffentlicht. Damit sehen Nutzer recht eindeutig, wie genau das API aufgebaut ist und welche Möglichkeiten der Nutzung es bietet.

Der Nachteil dabei ist jedoch: Das Veröffentlichen des Schemas gibt einen sehr tiefen und technischen Einblick in das API. Vor allem bei großen APIs kann dieses ungefilterte Gesamtbild schnell unübersichtlich werden. Für manche Nutzer mag das auch ohne zusätzliche Erklärungen nicht verständlich genug sein.

Das Schema eignet sich also nur für kleinere APIs als Dokumentation, etwa bei Prototypen oder kleinen Projekten, und ist sonst eher der erste Baustein für eine ausführlichere Dokumentation. Einige Werk-

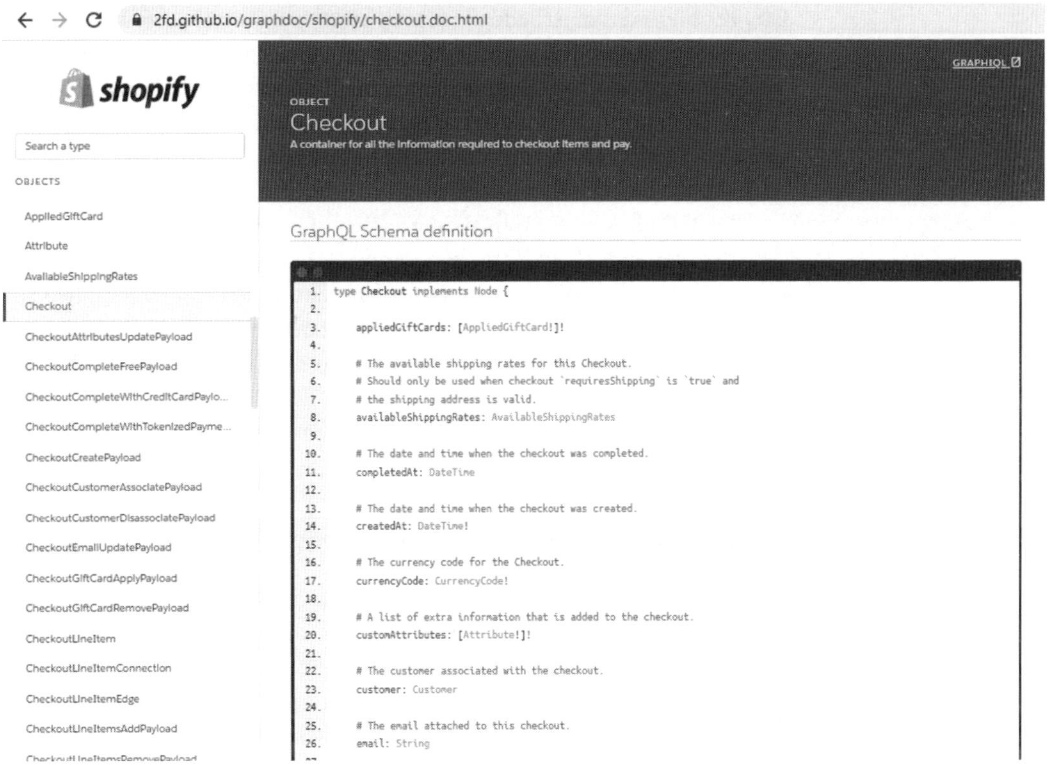

Abb. 5–2
Shopify-API-Beispiel von graphdoc [31]

zeuge bieten die Möglichkeit, diese automatisiert zu erzeugen. So sind etwa die externen Bibliotheken *graphql-docs* [32] und *graphdocs* [45] statische Generatoren für Dokumentation auf Basis von GraphQL-Schemas in Node.js.

Im Beispiel von graphdoc in Abbildung 5–2 werden alle Objekte und Funktionalitäten des öffentlichen GraphQL-API von Shopify [31] aufgelistet. Das generiert graphdoc automatisch dank GraphQLs Funktionalität der Introspection (siehe Kapitel 3.2.10). Automatisch werden die Metafelder des API erfasst und dann zu einer Übersicht zusammengefasst.

Mit Node.js wird so bereits mit den folgenden beiden Zeilen in der Konsole eine statische Dokumentation eines laufenden GraphQL-API erzeugt:

Listing 5–1
graphdoc-Dokumentation mit Node.js erzeugen

```
# graphdoc installieren
$ npm install -g @2fd/graphdoc

# Generate graphdoc Documentation from API URL
# into the ./doc/schema directory
$ graphdoc -e http://localhost:8080/graphql -o ./doc/schema
```

Das Problem dabei ist jedoch: Statische Dokumentationen werden einmal erzeugt und dann zur Verfügung gestellt. Eine Anpassung des APIs erfordert ein erneutes Generieren der Dokumentation. Dieser zusätzliche Schritt kann jedoch dazu führen, dass Beschreibung und Schnittstelle bei vergessenen Arbeitsschritten in Asynchronität enden und eine veraltete Dokumentation öffentlich ist.

Zusätzlich lebt GraphQL von seiner Graphenstruktur. Eine Auflistung aller einzelnen Objekte untereinander kann also kontraproduktiv darin sein, die Nutzer darauf umzuschulen, die Datenstruktur als zusammenhängenden Graphen zu verstehen. Ebenso ist einer der großen Vorteile von RESTs gängiger Dokumentationsstrategie über die OpenAPI-Spezifikation die Interaktivität. Das API kann direkt in der Dokumentation getestet werden. Das funktioniert in einem statisch generierten Dokument leider nicht.

5.2.2 Dynamische Dokumentation

Die dynamischere Variante der Dokumentation in GraphQL nennt sich Explorer. Mit Explorern lässt sich dasselbe Level an direkter Testfähigkeit und Interaktion wie bei OpenAPI-Dokumentationen erzeugen. Da Explorer nicht nur ein einzelnes Dokument sind, sondern komplett alleine lauffähige Werkzeuge, müssen sie auch nicht bei Änderungen erneut erzeugt werden. Explorer reagieren automatisch auf Anpassungen an den dokumentierten APIs.

Der wohl verbreitetste Explorer kommt von Facebook selbst und nennt sich *GraphiQL* –ausgesprochen wie das englische Wort *graphical* (zu Deutsch: *grafisch*). Dieses Tool geht noch einen Schritt weiter und dient nicht nur als Dokumentation, sondern ist sogar so interaktiv, dass es als integrierte Entwicklungsumgebung ähnlich etwa JetBrains IntelliJ oder Microsofts VCode Verwendung findet.

GraphiQL liest einen definierten Endpunkt aus und erzeugt damit in allen gängigen Browsern eine Ansicht, die als interaktive Dokumentation der Schnittstellen dient. Dort können alle Querys oder Mutationen gegen das API direkt entdeckt und ausprobiert werden.

Wie in Abbildung 5–3 zu sehen ist, befindet sich die eigentliche Dokumentation des Schemas auf der rechten Seite. Hier kann ein Nutzer durch die Objekte und Felder entlang des Graphen klicken und sieht so, welche Möglichkeiten er zur Abfrage oder Manipulation hat. Diese kann er dann direkt auf der linken Seite mit einer Eingabe testen und bekommt in der Mitte die entsprechenden Werte zurück.

Vor allem beim Testen der Funktionalität des API bietet GraphiQL einiges zur Unterstützung. Neben automatischer Textvervollständigung und direktem Type Checking bietet GraphiQL auch Code-Highlighting

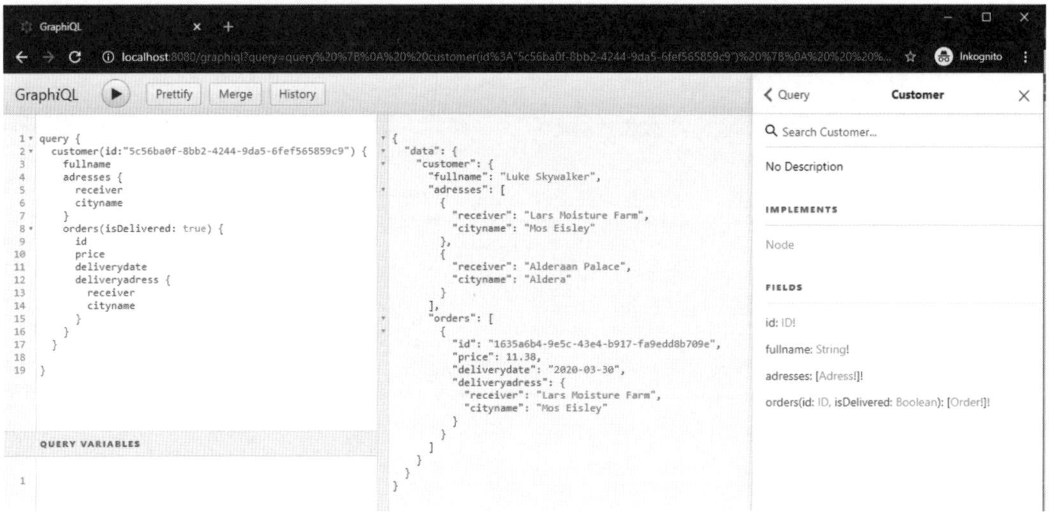

Abb. 5–3
GraphiQL-Beispiel

und sogar Debugging. Zudem erlaubt es, das Schema direkt im Explorer selbst zu erstellen und zu bearbeiten. Diese Funktionalität ist jedoch nur optional, einfache Dokumentationen erhalten also nur lesenden Zugriff auf das API.

Sollte das noch nicht ausreichen, gehen einige Tools noch einen Schritt weiter: Etwa der GraphQL Playground [43] oder Altair [1] erweitern GraphiQL durch Funktionalitäten wie mehrfach parallel laufenden Explorer-Instanzen in Tabs unterteilt für eine bessere Übersicht bei komplexeren, tief verschachtelten Abfragen, tastaturbasierter Steuerung oder unterschiedlichen Farbschemas. Diese Erweiterungen beziehen sich jedoch meist auf den Entwicklungsteil von GraphiQL, erweitern also vielmehr die IDE als die Dokumentation.

Installiert werden die Explorer am einfachsten als Stand-alone-Applikationen von ihren entsprechenden Webseiten. Mit einfacher Anpassung der Ziel-URI des APIs sind sie bereits betriebsbereit. In vielen Frameworks werden Explorer auch einfach direkt mitgeliefert. So startet in JavaScript das weit verbreitete Apollo-Framework neben dem GraphQL-Server auch immer eine Playground-Instanz, und in Java bieten einige Spring-Boot-Starter-Pakete GraphiQL als mitgelieferten Explorer bei Applikationsstart.

Sucht man eher nach einer Erweiterung für die Dokumentations- als die IDE-Funktionalität, bietet sich GraphQL Voyager an [3] (siehe Abbildung 5–4). Dieses Tool dokumentiert nicht nur alle Objekte innerhalb des Graphen, sondern visualisiert sie auch mitsamt ihren Beziehungen zueinander.

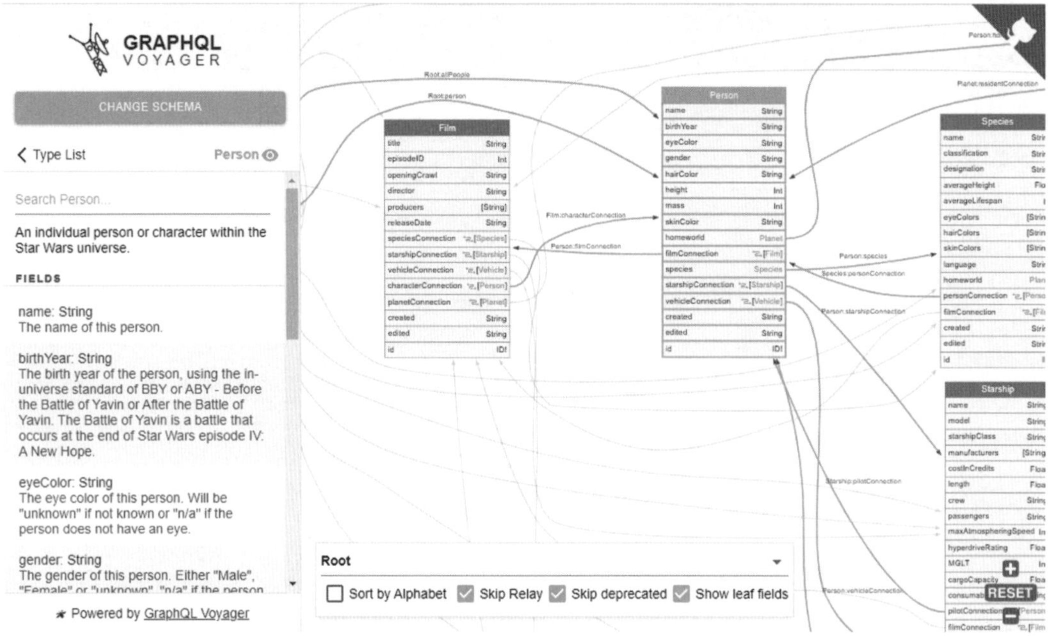

Abb. 5–4
Voyager-Beispiel [4]

Die Visualisierung hilft ähnlich einem Klassendiagramm, einen schnellen Überblick aller Objekte sowie ihrer Relationen zu erhalten. Nutzer können dann mit Klicks auf die jeweiligen Objekt-Repräsentationen in der Visualisierung oder ihrer Erklärung an der Seite durch den Graphen navigieren. Bei vielen Objekten mit vielzähligen Relationen zueinander kann diese Übersicht aber auch schnell verloren gehen.

5.3 Versionierung

Versionierung in GraphQL ist sehr einfach: Es gibt keine. Man könnte zwar wie in REST üblich den kompletten Endpunkt – oder unterschiedliche Endpunkte bei mehreren Einstiegen in den Graphen – mit einer Versionsnummer versehen und so unterschiedliche Versionen des API unterstützen. Doch GraphQL empfiehlt sich durch die Möglichkeit zur effektiven API-Evolution für einen versionslosen Ansatz.

Den Hauptkern dieser natürlichen API-Evolution bildet die Möglichkeit, sehr sicher neue Felder hinzuzufügen, ohne dass dies einen negativen Einfluss auf den Nutzer hat. Dieser muss immerhin alle Felder für seine erwartete Response explizit angeben. Ein Nutzer wird also niemals ein neu hinzugefügtes Feld sehen, wenn er nicht explizit seine Query erweitert. Das Hinzufügen neuer Felder wird also bei GraphQL in keinem Fall die Funktionalität eines Clients beeinflussen.

Zusätzlich können existierende Felder, die nicht länger Unterstützung finden, als *deprecated*, also veraltet, deklariert werden. Damit erhält jeder Nutzer, der dieses Feld anfragt, zwar vorerst immer noch eine Antwort (in manchen Fällen eventuell einen hart-codierten Wert), zusätzlich aber auch eine Warnung, dieses Feld durch eine Alternative zu ersetzen oder komplett zu entfernen.

Für neue Anwender wird ein *deprecated*-Feld erst gar nicht mehr in der Dokumentationen angezeigt. Überwacht man die Nutzung des Resolvers auf das betreffende Feld, sollten die Aufrufe stetig sinken. Nach einiger Zeit, wenn alle Clients angepasst sind, kann man dann das Feld sicher entfernen.

5.3.1 GraphQLs Evolution im Beispiel

Diese natürliche Evolution hat klare Vorteile gegenüber der klassischen Versionierung. Als Beispiel: Ein Service bietet die Funktionalität von Wunschlisten. Ein Nutzer kann mehrere dieser Listen erzeugen und ihnen Produkte zuweisen.

Listing 5–2
Wunschliste Version 1

```
type Wishlist {
  number: Number
  products: [Product]
}

type Product {
  name: String
}
```

In der ersten Version werden die verschiedenen Wunschlisten durch Nummern unterschieden. In einer künftigen Version soll es möglich sein, den Wunschlisten statt Nummern semantisch sinnvolle Namen zuzuweisen.

Wollte man nun im Modell der klassischen Versionierung diese Änderung vornehmen, müsste man eine neue Version des kompletten Modells aufsetzen, den Release der Änderung und damit den der neuen Version kommunizieren sowie noch weiterhin die veraltete Variante zur Verfügung stellen. Das alles bedeutet einen Mehraufwand, um den Support der alten Version aufrechtzuerhalten sowie die klare Kommunikation für den Wechsel auf die neue Version öffentlich zu machen.

In GraphQL kann das neue Feld mit dem semantischen Namen hinzugefügt werden. Die Clients bekommen dieses erst, wenn sie ihre Querys explizit angepasst haben. Derweil kann das Nummernfeld als veraltet gekennzeichnet und mit einem Hinweis zum neuen Feld versehen werden.

Listing 5–3
Wunschliste Version 2

```
type Wishlist {
  name: String
  number: Number @deprecated(reason: "Please use `name`.")
  products: [Product]
}

type Product {
  name: String
}
```

Entwickler, die den Wunschlisten-Service neu in Anspruch nehmen möchten, werden in der Introspection und auch in der Dokumentation des API keinen Hinweis mehr auf das Nummernfeld bekommen und dementsprechend direkt das Namensfeld anfordern. Alte Clients erhalten den Hinweis zur Anpassung ausgespielt und werden sich bald anpassen. Ein Monitoring auf die Nutzung des Feldes zeigt, ab wann das Feld sicher entfernt werden kann.

5.4 Monitoring und Instrumentation

Monitoring und dessen Basis, die Instrumentation, bedeutet, die Applikation so zu beobachten, dass man gewisse Kennzahlen, sogenannte Metriken, ablesen kann. Eine relevante Information, die man aus dem Monitoring der eigenen Applikation lesen kann, ist beispielsweise die Performanz des API. Wie schnell wird eine Response gesendet und wie hat sich diese Reaktionszeit über die API-Lebensdauer hinweg entwickelt?

5.4.1 Feingranulares Monitoring

Bei REST-APIs können komplette Endpunkte über Lasttests auf ihre Performanz getestet werden. Doch das heißt auch, dass man nur Leistungsinformationen zu einem kompletten Endpunkt bekommt. GraphQL bietet hier eine weitere Möglichkeit: Statt nur die Leistung des kompletten Endpunkts zu messen, helfen verschiedene Tools dabei, einzelne Felder innerhalb eines Objekts nacheinander aufzurufen und zu vergleichen. Außerdem kann die Dauer einer Operation eines einzelnen Resolvers geloggt werden. Beides ermöglicht, nicht nur zu sehen, wie lange ein Request für die Verarbeitung braucht, sondern auch, welcher Felder wegen er diese Zeit benötigt.

Doch nicht nur die Dauer einer Operation kann im Resolver beobachtet werden. Ebenso ist das Loggen von Fehlern an dieser Stelle hilfreich, um zu sehen, welche Operationen besonders fehleranfällig sind. Und schon alleine der Aufruf selbst ist eine interessante Metrik. So konnte man bei REST zwar untersuchen, welche Endpunkte am häufigsten aufgerufen wurden, jedoch nicht, welche Felder innerhalb dieser Endpunkte für die Nutzer relevant waren und welche nicht.

5.4.2 Verstehen, wie das API genutzt wird

Verfolgt man die Zahl der Aufrufe eines individuellen Resolvers, lässt sich schnell ablesen, welche Felder am häufigsten oder auch gar nicht aufgerufen werden. Vor allem Letzteres kann dabei helfen, herauszufinden, wann ein als veraltet markiertes Feld in der natürlichen Evolution des API sicher entfernt werden kann. Bezieht man zusätzlich noch Parameter und weiteren Kontext mit ein, so entwickelt sich schnell ein Bild davon, wie genau die Nutzer mit dem API interagieren.

Zu beachten ist dabei jedoch, dass zum Vergleich auch immer die komplette Query und nicht nur der Resolver geloggt werden sollte. Tritt nämlich ein Fehler vor der Ausführung des Resolvers auf, könnte man das Ausbleiben der Aufrufe falsch interpretieren. Generell ist also auch ein ausgiebiges Verfolgen der Fehler innerhalb des API entscheidend. Es sollten immer die gesamten Tracing-Informationen der Fehler gespeichert werden, um eine möglichst aussagekräftige Diagnose der Fehlerquellen durchführen zu können.

Um einen guten Überblick über die recht lange Liste an Metriken zu behalten, bietet es sich an, Werkzeuge zur Visualisierung zu verwenden. Grafana [26] ist hierbei eine gute Option. Im GraphQL-Umfeld gibt es jedoch noch spezialisiertere Tools. Apollo bietet beispielsweise bei der bezahlten Version des Graph Managers [6] nicht nur eine Vielzahl an möglichen Out-of-the-Box-Metriken, sondern auch maßgeschneiderte Visualisierungen.

5.5 Performanzoptimierung: Caching und Batching

Caching bei APIs bedeutet, dass Ergebnisse zu Abfragen an die Schnittstelle bereits innerhalb des API-Caches – also einem nahe liegenden Zwischenspeicher – vorliegen; sozusagen an der äußersten Kante einer Applikation. Die Response auf einen Request wird somit nur einmal auf Applikationsseite mit langsamen Datenbankabfragen ausgeführt und dann im Cache gespeichert. Damit kann das API für eine bestimmte Zeit nachfolgende, identische Requests aus dem Cache beantworten und spart die Zeit, um logische Berechnungen durchzuführen oder aus der Datenbank zu lesen. Das optimiert die Performanz eines API.

Caching ist einer der größten Vorteile von REST-APIs. Jede Ressource wird durch einen individuellen Endpunkt identifiziert. Zusätzlich bleibt die Repräsentation dieser Ressource bei jedem Aufruf immer identisch – sofern sie nicht in der Implementierung verändert wird. Das bedeutet, dass Anfragen an ein REST-API und damit die entsprechende Antwort immer erwartbar sind. Diese Umstände ermöglichen es, dass REST auf das langzeitig erprobte und optimierte HTTP-Caching auf der Transportebene zurückgreifen kann.

GraphQL bietet hingegen eine Vielzahl an Möglichkeiten zur Beeinflussung der Struktur und des Inhalts angeforderter Daten gegen einen einzelnen Endpunkt. Diese Flexibilität bedeutet zwar viel Freiheit für die Clients, sorgt jedoch für eine Fülle sowohl an möglichen Request- als auch Response-Arten. Die vielen Möglichkeiten bei GraphQL kommen also zu Kosten der Erwartbarkeit der Request- und Response-Struktur. Da die Kommunikation über die Schnittstelle also nicht vorhersehbar ist, ist so einfaches Caching wie bei REST-APIs leider nicht möglich.

5.5.1 Das 1+n-Problem

Um das Caching bei GraphQL zu verstehen, hilft es, sich zuerst mit Problemen im Bezug auf die Performanz von GraphQL-Abfragen zu beschäftigen. Das klassische Beispiel für Probleme mit der Performanz von GraphQL bei komplexen Querys ist das *1+n-Problem*. In GraphQL sind Relationen einzelner Objekte zueinander in Graphen angeordnet. Das bedeutet also, jedes *Child-Element* kennt sein *Parent Node*, jedoch keine weiteren. Gleichzeitig kennt jedes *Parent-Element* nur die jeweiligen *Child Nodes*, nicht jedoch die *Children* der anderen Nodes auf gleicher Ebene.

In einem Beispiel ausgedrückt: Ein API bietet eine Liste an Werbekampagnen. Diese halten jeweils Listen an Produkten, die in der entsprechenden Kampagne im Angebot sind. Möchte ein Nutzer nun all diese Produkte ausgeben, würde GraphQL diesen Request entlang des jeweiligen Graphen für jede einzelne Kampagne auflösen: also zuerst eine Datenbankabfrage für alle Produkte der *Kampagne-1*, dann alle in Relation zu *Kampagne-2* und so weiter – also n-mal für jede existierende Kampagne.

Listing 5–4
1+n-Abfrage

```
# Request
query CampaignProducts {
  campaign {
    products {
      name
}}}
```

```
# Resulting Database Calls
SELECT * from product
WHERE product.campaignId = 0

SELECT * from product
WHERE product.campaignId = 1

...

SELECT * from product
WHERE product.campaignId = n
```

Sind nun Produkte nicht exklusiv einer Kampagne zugeordnet, sondern halten Relationen zu mehreren, würde GraphQL sogar dasselbe Produkt mehrmals aus der Datenbank auslesen müssen. Dies ist für die Performanz des API sehr nachteilig.

5.5.2 DataLoader

Die Antwort auf dieses Problem heißt *DataLoader* [15]. Die Zusatzbibliothek für GraphQL wurde ebenfalls von Facebook entwickelt und ist eine offiziell empfohlene Performanzoptimierung für GraphQL-APIs.

DataLoader ermöglicht das *Batching* und Caching von Resolver-Aufrufen innerhalb eines einzelnen Requests. Batching bedeutet, dass mehrere Aufrufe gesammelt ausgeführt werden, statt sie einzeln unabhängig voneinander zu behandeln. DataLoader generiert bei jedem Request auf den GraphQL-Endpunkt eine Liste an Schlüssel-Wert-Paaren und löst die Anfrage darin auf.

Die Schlüssel dieser Liste sind dabei eindeutige IDs der Elemente, die Werte ihre jeweilige Repräsentation. Bedeutet also: DataLoader setzt global eindeutige IDs für alle Nodes voraus. Idealerweise wird das durch ein globales Nodes-Pattern gelöst, wie in Kapitel 4.2.1 beschrieben.

In einem ersten Resolver sammelt der DataLoader die IDs aller Produkte der abgefragten Kampagnen ein. Anschließend kann dann ein sogenannter *Batch-Request*, also eine Sammelanfrage, die Liste an IDs mit den entsprechenden Daten füllen.

Listing 5–5
Mit DataLoader optimierte 1+n-Abfrage

```
# Request
query CampaignProducts {
  campaign {
    products {
      name
}}}
```

```
# Resulting Database Calls
SELECT campaign.productid from campaign

SELECT * from product
WHERE product.id in (0, 1, ... n)
```

Der 1+n-malige Datenbankzugriff kann durch DataLoader also auf zwei Zugriffe reduziert werden. Die Performanz der Abfrage ist entsprechend optimiert. Doch das löst noch nicht das Problem duplizierter Abfragen, sollte ein Produkt mehreren Kampagnen zugeordnet sein. Hier kommt noch das DataLoader-Caching hinzu.

DataLoader erlaubt, auch innerhalb eines Eventloops eine Datenbankanfrage einer einzelnen ID oder eines Subsets an IDs pro Prozesszyklus auszuführen und das entsprechende Ergebnis in der Schlüssel-Wert-Liste zu speichern. Jede weitere Abfrage einer neuen ID gegen die Datenbank wird dann zuerst aus der Liste gelesen. Ist die entsprechende ID bereits mit Daten gefüllt, muss nicht noch einmal ein aufwendiger Datenbankzugriff ausgeführt werden, sondern kann direkt der gespeicherte Wert verwendet werden. Die Performanz der einzelnen Abfrage kann also bei jeglicher Komplexität der Query gerade bei häufiger Duplikation der Werte deutlich reduziert werden.

5.5.3 CDN-Caching

Doch nicht nur innerhalb einzelner Requests kann ein effektiver Zwischenspeichereinsatz zu einer deutlichen Performanzsteigerung der Schnittstelle führen. Bei REST-APIs ist ein Caching von Anfragen über ein sogenanntes Content Delivery Network (CDN) üblich. Komplette Requests werden hier, noch bevor sie an das eigentliche API gelangen, von eben diesem CDN aus einem Zwischenspeicher vorheriger, identischer Anfragen bedient. Das hat deutliche Auswirkungen auf die Performanz, da das eigentliche API nicht einmal tätig werden muss.

In GraphQL stellt natürlich die Flexibilität der Anfrage eine deutliche Herausforderung dar. Requests haben die Möglichkeit, sehr dynamisch zu sein, und so kann es durchaus vorkommen, dass kaum zwei Requests an das GraphQL-API identisch und damit cachebar sind. Moderne Designempfehlungen raten jedoch von allzu dynamischen Querys ab. Viele Einsatzbereiche von GraphQL haben auch nicht unbedingt den Bedarf an viel Dynamik im Request.

Etwa könnte man ein modernes GraphQL-API als Ersatz für ein REST-API in einem Backend-for-Frontend-Muster betrachten. Bei dieser Methode werden unterschiedliche REST-Endpunkte mit nahezu identischen Daten in unterschiedlicher Struktur maßgeschneidert für bestimmte Funktionalitäten angeboten. Statt eventuell zehn, nur in der Struktur unterschiedliche, Endpunkte zu verwalten, würde das GraphQL-API immer noch lediglich einen Endpunkt benötigen. Es würde dann jedoch mit zehn unterschiedlichen Querys eine endliche, erwartbare Anzahl an Request-Möglichkeiten erwarten können. Dies führt dazu, dass man die Abfragen auch effektiv mit einem CDN-Cache optimieren kann.

Doch nicht nur die endliche Anzahl erwartbarer Requests ist für ein CDN-Caching relevant. So erkennt ein CDN etwa bei REST-APIs, dass HTTP-GET-Methoden nur lesende Zugriffe sind. Sie lassen sich also sicher zwischenspeichern. POST- oder PUT-Methoden sind hingegen manipulierende Zugriffe. Sie sind also nicht zum Zwischenspeichern geeignet, da sich die Daten direkt ändern. Bei GraphQL handelt es sich jedoch bei allen Anfragen um POST-Methoden. Requests vom Typ GET sind zwar für Querys auch möglich, jedoch stoßen die URL-Parameter für kompliziertere Abfragen schnell an die Grenze der Maximallänge von URIs einiger Browser.

Hier helfen bei Node.js externe Werkzeuge, beispielsweise Apollos Link Library [7]. Dadurch werden alle Querys automatisch zu GET-Requests mit kürzeren Parametern umgewandelt. Alle Mutationen bleiben derweil POST-Methoden. Damit kann das CDN wie bei REST deutlich zwischen lesendem und manipulierendem Zugriff unterscheiden. In Java könnte diese Umwandlung von Querys zu GET-Requests ebenfalls manuell implementiert werden.

Auf Seiten des API-Anbieters ermöglicht das CDN-Caching mit GraphQL zusätzlich noch einen großen Bonus an Flexibilität: Anders als bei REST, wo komplette Endpunkte eine gewisse Time-To-Live (TTL) – also eine Zeit, bis der zwischengespeicherte Wert wieder neu geladen werden sollte – zugewiesen bekommen, kann diese bei GraphQL dynamisch auf unterschiedliche Objekte oder Felder angewandt werden. Durch Apollos Cache-Control Library [5] können dynamischere Werte öfters gezielt einzeln neu geladen und statische Felder länger zwischengespeichert werden. Das bedarf jedoch noch der Anpassung, nur einzelne Felder entsprechend ihrem TTL nachzuladen, statt des kompletten Requests. Dieser zusätzliche Aufwand ergibt nur bei sehr großen Requests wirklich Sinn.

5.5.4 Clientseitiges Caching

Jedoch bietet GraphQL nicht nur die Option, serverseitig zu cachen. Oft bringt ein Caching auf dem Client die besten Performanceverbesserungen, da hierdurch sogar der Netzwerkverkehr eingespart werden kann. Die großen und verbreiteten Frameworks wie Apollo oder Relay bieten eine Vielzahl an möglichen Caching-Optionen. Es gibt jedoch auch kleinere Bibliotheken wie FlacheQL [22], die clientseitiges Caching mit GraphQL ermöglichen.

FlacheQL persistiert verarbeitete Request/Response-Paare im lokalen Speicher des Browsers. Die darauf folgenden Anfragen werden dann bei Übereinstimmung direkt aus dem lokalen Speicher bedient. Dabei müssen die aufeinanderfolgenden Anfragen noch nicht einmal identisch sein. Das Framework ermöglicht nämlich auch, Subsets aus dem zwischengespeicherten Ergebnis zu extrahieren. Sollte also der Nutzer nach einer Anfrage erneut einen ähnlichen Request mit lediglich weniger Feldern absenden, wird dieser durch ein Subset aus der gespeicherten Response im lokalen Speicher beantwortet.

Diese Aufteilung des zwischengespeicherten Ergebnisses kann ebenso für Parameter verwendet werden. Möchte man beispielsweise in seiner initialen Anfrage alle Produkte einer Kampagne aufgelistet bekommen, so wird die komplette Liste an Produkten zwischengespeichert. Sollte die anschließende Anfrage alle Produkte derselben Kampagne mit einer Wertung über drei Sternen anfordern, kann FlacheQL diesen zusätzlichen Filter clientseitig einfach über die zwischengespeicherte Liste an Produkten legen, ohne davor noch einmal die API anzufragen.

Dies ermöglicht, vor allem bei der Suche eine Vielzahl an verfeinernden Anfragen direkt clientseitig ohne Kontakt zum API zu bearbeiten. Die möglichen Subsets müssen lediglich in der Deklaration des Caches clientseitig definiert werden.

Listing 5–6
Cache-Subset-Definition

```
const yourCache = new Flache(endpoint, headers, options);

const options = {
  paramRetrieval: true,
  // toggle subset retrieval on parameters
  ttl: 600000, // Time-to-Live for cached Querys (ms)
  subsets: {
    name: '=',
    id: '=',
    rating: '>= number',
    first: '<= number',
  }
};
```

6 Implementierung mit Node I: Das erste Schema

In den folgenden beiden Kapiteln wird ein GraphQL-Server mit Node erzeugt. Um die Erstellung dieses Servers zu vereinfachen, wird das Apollo-Framework verwendet. Das baut auf den Standard-Node.js-GraphQL-Server-Implementierungen, beispielsweise *express-graphql*, auf und bietet dabei eine Menge zusätzlicher Funktionalität. Apollo stellt mit seinem großen Ökosystem an Bibliotheken sowohl client- als auch serverseitige GraphQL-Implementierungen zur Verfügung und ist hierfür mittlerweile das wohl bekannteste JavaScript-Framework. Firmen wie AirBnB oder Twitch verwenden es.

Das Apollo-Server-Framework

Apollo Server ist eine in JavaScript geschriebene GraphQL-Server-Implementierung die auf hohe Konformität mit der GraphQL Spezifikation und Einfachheit setzt. Das Open-Source-Framework ermöglicht somit die schnelle und Overhead-freie Implementierung eines Stand-alone-GraphQL-Servers.

Es wird in diesem Beispiel verwendet, um den vollen Fokus auf das Implementieren des GraphQL-APIs zu legen und nicht erst eine geeignete Node.js-Middleware aufbauen zu müssen.

Am Ende von Kapitel 6 und 7 sollte eine gute Grundlage für einen GraphQL-Server mit Node.js und Apollo stehen. Dieser Boilerplate-Code kann dann auch für die Erstellung eigener Services dienen. Der komplette Code befindet sich auch vollständig auf GitHub [38].

6.1 Use Case

In dieser beispielhaften Implementierung wird ein Standard-Use-Case eines Onlineshops verwendet: eine Wunschliste. In einem Onlineshop – dem GraphShop – werden unterschiedliche Produkte verkauft. Diese haben eine ID und einen Namen. Kunden können Produkte über die ID oder den Namen suchen, sich jedoch auch alle Produkte anzeigen lassen. Produkte können Wunschlisten zugeordnet werden. Diese halten eine ID sowie einen Titel und sind einem Kunden zugewiesen. Kunden können mehrere Wunschlisten für sich selbst erzeugen oder löschen und ihnen Produkte zuweisen oder diese wieder entfernen. Jeder Kunde kann neue Produkte für die Wunschlisten erstellen oder bestehende löschen. Kunden können nur über ihre ID gefunden werden, haben jedoch auch einen vollständigen Namen.

6.2 Initiales Aufsetzen des Projekts

Im ersten Schritt muss die Basis der Server-Applikation aufgesetzt werden. Hierfür werden Node.js und der Node Package Manager (NPM) benötigt. Sie können auf der offiziellen Webseite [41] heruntergeladen werden. Dieses Beispiel wurde initial mit Node in der Version *12.16.1* und NPM in der Version *6.14.3* entwickelt.

6.2.1 Das Node.js-Projekt aufsetzen

Als Erstes wird ein Projektordner benötigt, in dem anschließend das Projekt über den NPM initialisiert werden kann. Das funktioniert über die folgenden Befehle in der Konsole:

Listing 6–1
Projekt initialisieren

```
$ mkdir graphshop
$ cd graphshop
$ npm init -y
```

Für dieses Projekt sind die Standardeingaben vollkommen ausreichend. Der -y-Parameter sorgt dafür, dass diese übernommen werden. Damit generiert NPM die initiale *package.json*-Datei innerhalb des Projektordners (siehe Abbildung 6–1).

Abb. 6–1
Eingabeparameter bei NPM Init

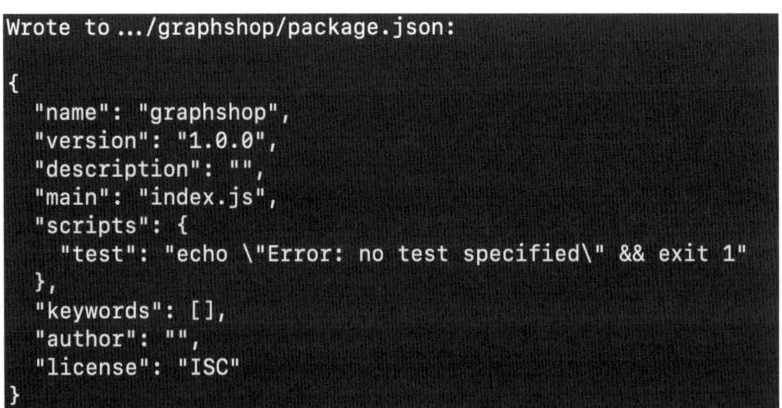

```
Wrote to .../graphshop/package.json:

{
  "name": "graphshop",
  "version": "1.0.0",
  "description": "",
  "main": "index.js",
  "scripts": {
    "test": "echo \"Error: no test specified\" && exit 1"
  },
  "keywords": [],
  "author": "",
  "license": "ISC"
}
```

Als Nächstes wird das Apollo-Framework installiert. Das bildet die Basis für den API-Server.

```
$ npm install apollo-server graphql --save
```

Listing 6–2
Apollo-Abhängigkeiten installieren

Um die Entwicklung zu erleichtern, sollte ebenfalls noch die Entwickler-Abhängigkeit Nodemon installiert werden. Dieses Werkzeug hilft dabei, Code-Änderungen während der Applikationslaufzeit automatisch neu zu kompilieren. Somit resultiert nicht jede Code-Änderung in einem händischen Neustart der Applikation.

```
$ npm install nodemon --save-dev
```

Listing 6–3
Kernbibliotheken von Express und GraphQL installieren

Darüber hinaus wird eine Anpassung des *package.json* benötigt. Die Applikation muss über Nodemon gestartet werden.

```
{
...
  "main": "src/index.js",
  "scripts": {
    "start": "nodemon src/index.js",
    "test": "echo \"Error: no test specified\" && exit 1"
  },
  "keywords": [],
...
}
```

Listing 6–4
Applikationsstart über Nodemon einrichten

6.2.2 Den GraphQL-Server mit Apollo aufsetzen

Nun kann die Arbeit an der eigentlichen Applikation beginnen. Zuerst wird wie in der *package.json* ein Einstieg in die Applikation unter *src/index.js* benötigt. Hierin kann der Apollo-Server importiert und definiert werden.

```
const { ApolloServer } = require('apollo-server');

// TODO fill with value
const schema = null
// TODO fill with value
const resolvers = null

const server = new ApolloServer({
  typeDefs: schema,
  resolvers,
});
```

Listing 6–5
Apollo-Server importieren und aufsetzen

```
// The `listen` method launches a web server.
server.listen().then(({ url }) => {
  console.log(`Server ready at ${url}`);
});
```

Nach dem Aufsetzen des Apollo-Servers kann dieser direkt mit der `listen()`-Methode gestartet werden. Die einzigen fehlenden Elemente sind jetzt noch die Definitionen des Schemas sowie der Resolver. Für die Verifizierung der Installation kann hier ein minimales Schema des Use Cases definiert sein, etwa ein einzelnes Produkt mit Namen.

Listing 6–6
Simple Schema- und Resolver-Definition

```
const { ApolloServer, gql } = require('apollo-server');

const schema = gql`
  type Query {
    product: Product
  }
  type Product {
    name: String!
}`;

const resolvers = {
  Query: {
    product: () => {
      return {
        name: 'Kartoffeln',
};},},};
...
```

Um die Query zu definieren, muss die `gql`-Funktion aus der *apollo-server*-Bibliothek importiert werden. Diese erlaubt dann die GraphQL-Schemadeklaration innerhalb sogenannter *Template Literals*.

Der Resolver wird in einer sogenannten Resolver Map definiert. Dort wird das Schema in eine im Query-Objekt verschachtelte Funktion aufgelöst, die zum jetzigen Zeitpunkt nur einen festen Wert für das `name`-Feld des `product`-Objekts zurückgibt. Später kann an dieser Stelle der Wert des Feldes durch einen Service aus einer Datenbank oder über einen anderen API-Call ausgelesen werden. Für den ersten Test reicht der statische Rückgabewert.

Die Applikation kann nun mit `npm start` in der Konsole gestartet werden. Um die Funktionalität des neuen GraphQL-API ohne Client-Applikation zu verifizieren, stellt Apollo den Explorer GraphQL Playground als eingebauten Client bereit. Dieser befindet sich standardmäßig unter dem Root-Pfad des Apollo-GraphQL-Servers `http://localhost:4000`.

In diesem Explorer kann die erste Query für den Produktnamen gegen das minimale Schema abgefragt werden. Dafür wird die gewünschte Query einfach im Textfeld auf der linken Seite des Playgrounds angegeben. Der große *Playbutton* in der Mitte führt die Query aus, dessen Ergebnis dann auf der rechten Seite angezeigt wird. Wie man in Abbildung 6–2 sieht, gibt die Query den fixen Wert des Resolvers zurück. Der GraphQL-Server funktioniert also.

Abb. 6–2
Erste Query gegen den GraphQL-Server

6.3 Das initiale Schema aufsetzen

Nun, da der GraphQL-Server erfolgreich initialisiert ist, kann das Schema erweitert werden. Hierfür sind zuerst die Typdefinitionen der Objekte aus dem Use Case abzuleiten. Anschließend ist die Resolver Map entsprechend anzupassen, um die Querys erfolgreich auflösen zu können.

Aus dem Use Case lässt sich ableiten, dass der GraphShop aus drei Elementen besteht: Produkten, Wunschlisten und Kunden. Dabei ist zu beachten, dass ein Kunde mehrere Wunschlisten sowie eine Wunschliste viele Produkte hält.

6.3.1 Parameter und erste Resolver-Logik

Aufbauend auf dem minimalen Schema aus Kapitel 6.2 werden jetzt weitere Anforderungen des Use Cases umgesetzt, um sich dem grundsätzlichen Verständnis für einen GraphQL-Server anzunähern. Denn Produkte sind nicht nur Wunschlisten zugeordnet, sondern sie können auch zusätzlich als Liste ausgegeben werden. Die bestehende Schemadefinition muss also um die Modifikatoren der Liste erweitert werden.

Listing 6–7
Produktlisten im Schema deklarieren

```
const schema = gql`
type Query {
  products: [Product!]
}
type Product {
  name: String!
}
`;
```

Zu beachten ist zusätzlich die Non-Null-Deklaration innerhalb des Arrays. Die Liste an Produkten darf zwar leer oder null sein, die enthaltenen Produkte selbst jedoch dürfen es nicht.

Anschließend muss noch der Resolver an das neue Query angepasst werden. Da nicht länger nur ein einzelnes Objekt zurückgegeben wird, wandelt man den Rückgabewert zu einem Array um.

Listing 6–8
Resolver an Array anpassen

```
const resolvers = {
  Query: {
    products: () => {
      return [{
        name: 'Kartoffel',
      }, {
        name: 'Pasta',
      },];
},},};
```

Da diese Produktliste nicht nur komplett ausgegeben, sondern auch vom Kunden durchsucht werden kann, muss für die Suche noch der Suchtext als Parameter übergeben werden. Das Schema wird also um die entsprechenden Argumente erweitert.

Listing 6–9
Produktliste um Suchparameter erweitern

```
const schema = gql`
type Query {
  products(search: String): [Product]
}
```

```
type Product {
  name: String!
}
`;
```

Argumente stehen innerhalb der Resolver-Funktion immer an zweiter Stelle der Parameter. Das erste Argument ist dabei das parent-Objekt, das später noch relevant wird.

Listing 6–10
Produktliste um Suchparameter erweitern

```
const resolvers = {
  Query: {
    products: (parent, args) => {
      return [{
        name: 'Kartoffel',
      }, {
        name: 'Pasta',
      },];
},},};
```

Um jedoch die Logik hinter den Parametern zu implementieren, werden die Produkte zuerst in einen Array extrahiert. Anschließend kann dieser anhand des Parameters gefiltert und ausgegeben werden.

Listing 6–11
Produktliste um Suchparameter erweitern

```
let productdata = [
  {
    name: 'Kartoffeln',
  }, {
    name: 'Pasta',
},];

const resolvers = {
  Query: {
    products: (parent, {search}) => {
      if (search) {
        return productdata.filter(
          (p) => p.name.includes(search)
      );}
      return productdata;
},},};
```

Das Ergebnis kann nun im Playground validiert werden. Eine Abfrage aller Produkte ohne Parameter gibt die komplette Liste an Produkten aus. Mit dem Hinzufügen des search-Parameters in der Query auf Ebene des product-Nodes kann diese Liste wie in Abbildung 6–3 zu sehen gefiltert werden.

Abb. 6–3
Parametrisierte Query für die Produktsuche

6.3.2 Feld-Level-Resolver und Interfaces

Als Nächstes kann das Schema um die fehlenden Objekte erweitert werden. Beginnend mit dem Kunden wird dieser als neuer Typ dem Schema hinzugefügt.

Listing 6–12
Schema um Kunden erweitern

```
const schema = gql`
type Query {
  products(search: String): [Product]
  customer: Customer
}
type Product {
  name: String!
}
type Customer {
  fullname: String
}
`;
```

Um den Nutzer korrekt abfragen zu können, werden wieder Beispieldaten und ein Resolver benötigt.

```
let customerdata = {
  firstname: "Luke",
  lastname: "Skywalker",
};
const resolvers = {
  Query: {
    customer: () => {
      return customerdata;
    },
...
```

Listing 6–13 *Beispieldaten und Resolver für Kunden definieren*

Dabei fällt auf: Die Beispieldaten halten nicht das Feld `fullname`, das im Schema definiert ist. Lediglich `firstname` und `lastname` sind in den Beispieldaten vorhanden. Bei dieser Diskrepanz zwischen den existierenden Daten und dem idealen Schema helfen Feld-Level-Resolver.

Dafür wird ein zusätzlicher Resolver in der Resolver Map deklariert. Dieser löst das `fullname`-Feld in Kunden-Objekten bei jedem Aufruf entsprechend der Implementierung auf. Im folgenden Beispiel wird der Name aus dem Vor- und Nachnamen des Kunden zusammengesetzt.

```
let customerdata = {
  firstname: "Luke",
  lastname: "Skywalker",
};
const resolvers = {
  Query: {
    customer: () => {
      return customerdata;
    },
  ...
  Customer: {
    fullname: (customer) =>
        `${customer.firstname} ${customer.lastname}`,
  },
```

Listing 6–14 *Beispieldaten und Resolver für Kunden definieren*

Im Feld-Level-Resolver wird der erste Parameter einer Resolver-Funktion ausgenutzt. Das übergebene `parent`-Argument ist immer das zuvor aufgelöste Objekt. Hierbei handelt es sich um das komplette `customer`-Feld, also `customerdata`. Dadurch kann für das Füllen des im Schema definierten Feldes mit den Variablen des rohen `customerdata`-Objekts gearbeitet werden.

Eine Verifikation der Anfrage im Playground liefert den zusammengefügten Namen des Kunden als Ergebnis (siehe Abbildung 6–4). Durch diese Feld-Level-Resolver können die Felder gezielt verifiziert und gefüllt werden.

Abb. 6–4
Ausgabe des vollen Namens durch fullname-Feld

6.3.3 Interfaces und Filter für IDs

Laut Use Case muss es möglich sein, Kunden per ID finden zu können. Das ist ebenso der Fall für Produkte. Beide müssen also um das Feld ID erweitert werden. Das ist die beste Gelegenheit, um das Nodes-Muster aus Kapitel 4.2.1 einzuführen. Dementsprechend muss im Schema ein Node-Interface erzeugt werden, das sowohl von Kunden als auch von Produkten implementiert werden kann.

Listing 6–15
Node-Muster im Schema

```
const schema = gql`
type Query {
  products(search: String): [Product!]
  customer: Customer
}
interface Node {
  id: ID!
}
```

```
type Product implements Node {
  id: ID!
  name: String!
}
type Customer implements Node{
  id: ID!
  fullname: String!
}
`;
```

Um die Implementierung des Node-Interface auch auflösen zu können, muss die Resolver Map erweitert werden. Hier wird durch das spezielle __resolveType-Feld definiert, auf welche Implementierung das ankommende Objekt des Interfaces aufgelöst werden soll.

Listing 6–16 *Interface-Auflösung in der Resolver-Map*

```
const resolvers = {
...
  Node: {
    __resolveType(node) {
      if (node.toObject().name) {
        return 'Product';
      } if (node.toObject().fullname) {
        return 'Customer';
}}}};
```

Anhand der vorhandenen Felder eines Objekts wird hier innerhalb der Resolver-Map das Interface der jeweiligen Implementierung zugeordnet.

Zusätzlich müssen die Produktdaten nun durch die IDs und Preise erweitert werden. IDs sind ebenfalls für die Kundendaten nötig. Hier wird das Datenset zusätzlich in einen Array gewandelt, da der direkte ID-Aufruf künftig die Verwaltung mehrerer Kunden erlaubt.

Listing 6–17 *Interface-Auflösung in der Resolver Map*

```
let productdata = [
  {
    id: "2",
    name: 'Kartoffeln',
  }, {
    id: "3",
    name: 'Pasta',
},];
```

```
let customerdata = [{
  id: "1",
  firstname: "Luke",
  lastname: "Skywalker",
}];
```

Die Verifikation im Playground sollte nun ergeben, dass alle Objekte auch ihre ID auflösen können. Anschließend muss durch das Einführen von Parametern noch gewährleistet werden, dass spezifische Produkte und Kunden auch über ihre ID zu finden sind. Hier bedarf es ebenfalls einer Anpassung im Schema.

Listing 6–18
Parameter für den Filter nach IDs

```
const schema = gql`
type Query {
  products(id: ID, search: String): [Product!]
  customer(id: ID!): Customer
}
...
`;
```

Dank dem Modifikator, darf der ID-Parameter bei Kunden – anders als in der optionalen Suche von Produkten – nicht leer sein. Um dieses Schema nun auflösen zu können, ist auch die Resolver Map anzupassen.

Listing 6–19
Parameter für den Filter nach IDs in der Resolver Map

```
const resolvers = {
  Query: {
    customer: (parent, {id}) => {
      return customerdata.find(
        (c) => c.id == id
    );},
    products: (parent, {id, search}) => {
      if (id) {
        return productdata.filter(
          (p) => p.id == id
      );}
      if (search) {
        return productdata.filter(
          (p) => p.name.includes(search)
      );}
      return productdata;
  }},
...
```

Anschließend können im Playground Produkte und Kunden durch den ID-Parameter wie in Abbildung 6–5 direkt aufgerufen werden.

Abb. 6–5
Direkte Objektaufrufe über ID-Parameter

Zusätzlich wird aufgrund des Non-Null-Modifikators am Parameter gewährleistet, dass lediglich Abfragen mit Argumenten bearbeitet werden. Alle Anfragen mit fehlendem Parameter erhalten dank dem Apollo-Framework eine entsprechende Fehlermeldung, wie in Abbildung 6–6 zu erkennen.

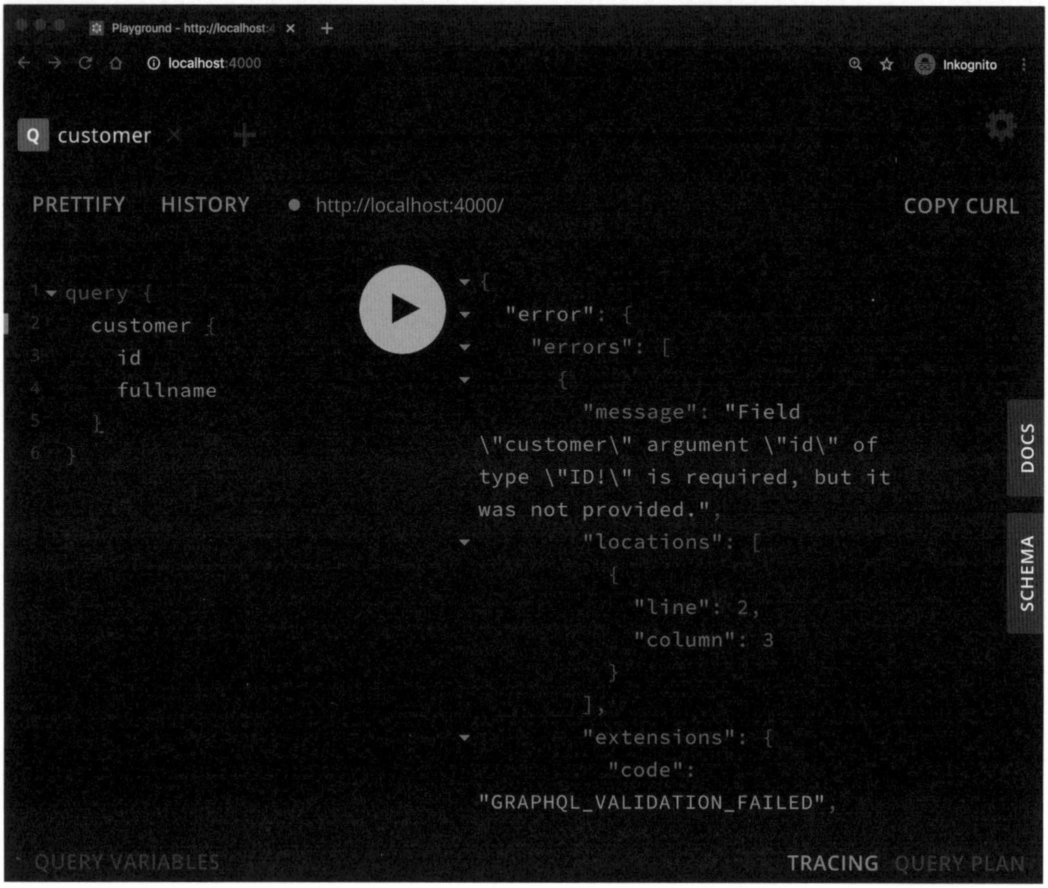

Abb. 6–6
Kundenanfrage mit fehlendem ID-Parameter

6.3.4 Typrelationen

Jetzt fehlt nur noch ein Objekt aus dem Use Case: die Wunschliste. Diese hat jedoch eine Besonderheit. Anders als die bisher definierten Elemente können Wunschlisten nicht in der Root-Query alleine abgefragt werden. Vielmehr halten sie Relationen sowohl zu Kunden als auch zu Produkten. So hält laut Use Case ein Kunde mehrere Wunschlisten, die jeweils eine Vielzahl an Produkten beinhalten. Zusätzlich kann einer Wunschliste ein Titel zugewiesen werden. Im Zuge des eingeführten Node-Musters implementieren Wunschlisten ebenfalls das Node-Interface und benötigt deshalb auch eine eindeutige ID.

Listing 6–20
Die Wunschliste in der Schemadefinition

```
const schema = gql`
type Query {
  products(search: String): [Product!]
  customer(id: ID!): Customer
}
```

```
interface Node {
  id: ID!
}
type Product implements Node {
  id: ID!
  name: String!
}
type Customer implements Node {
  id: ID!
  fullname: String!
  wishlists: [Wishlist]
}
type Wishlist implements Node {
  id: ID!
  title: String
  products: [Product]!
}
`;
```

Um nun die neue Implementierung des Node-Interface zu unterscheiden, muss natürlich auch dessen Typ-Resolver entsprechend angepasst werden.

Listing 6–21
Wunschliste im Interface-Resolver

```
const resolvers = {
...
Node: {
  __resolveType(node) {
    if (node.toObject().name) {
      return 'Product';
    } if(node.toObject().fullname) {
      return 'Customer';
    } if(node.toObject().title) {
      return 'Wishlist';
}}}};
```

Ebenfalls wird eine Anpassung der Testdaten benötigt, um die Wunschlisten abzubilden.

Listing 6–22
Erweitern der Beispieldaten um die Wunschlisten

```
let customerdata = [{
  id: "1",
  firstname: "Luke",
  lastname: "Skywalker",
  wishlistIds: ["10", "11"],
}];
```

```
let wishlistdata = [{
  id: "10",
  title: "Daily Needs",
  products: productdata,
}, {
  id: "11",
  title: "That one Recipe",
  products: [],
}];
```

Auffällig hierbei: Die Relation zwischen customerdata und wishlistdata ist nicht durch das Verschachteln der Objekte, sondern durch eine ID-Referenz abgebildet. Das ist häufig der Fall. Vor allem in Applikationen mit relationellen Datenbanken oder REST-APIs als Datenquelle.

Da bei GraphQL jedoch durch direktes Verschachteln der Objekte die benötigten Roundtrip dieser ID-Relationen gespart werden können, muss ein Feld-Resolver – ähnlich dem Kundennamen – eingeführt werden. Dieser löst dann die referenzierten IDs auf die jeweiligen Wunschlisten-Objekte auf.

Listing 6–23
Feld-Resolver für die Wunschlisten-Relation

```
const resolvers = {
  Query: {
...
    Customer: {
       fullname: (customer) =>
           `${customer.firstname} ${customer.lastname}`,
       wishlists: customer => wishlistdata.filter(
           (w) => customer.wishlistIds.includes(w.id)),
    },
...
```

Da für die Relation zwischen wishlistdata und productdata eine direkte Verschachtlung der Objekte vorliegt – wie das beispielsweise auch bei einer NoSQL-Datanbank der Fall wäre –, ist hier das Mapping der Standard-Feld-Resolver ausreichend. Dieser Standard-Feld-Resolver löst alle Feldanfragen einfach durch die identisch benannten Felder im Quellobjekt auf. Das kann nun auch wie in Abbildung 6–7 direkt im Playground getestet werden.

Da nun alle Objekte aus dem Use Case in ihrer minimalen Form implementiert sind, können anschließend die noch fehlenden Felder, wie etwa der Preis eines Produkts, hinzugefügt werden. Ebenfalls kann die Ausgabe der Wunschlisten, ähnlich den Kunden und Produkten, um Parameter für IDs oder Titel erweitert werden, um nur bestimmte Wunschlisten abzufragen.

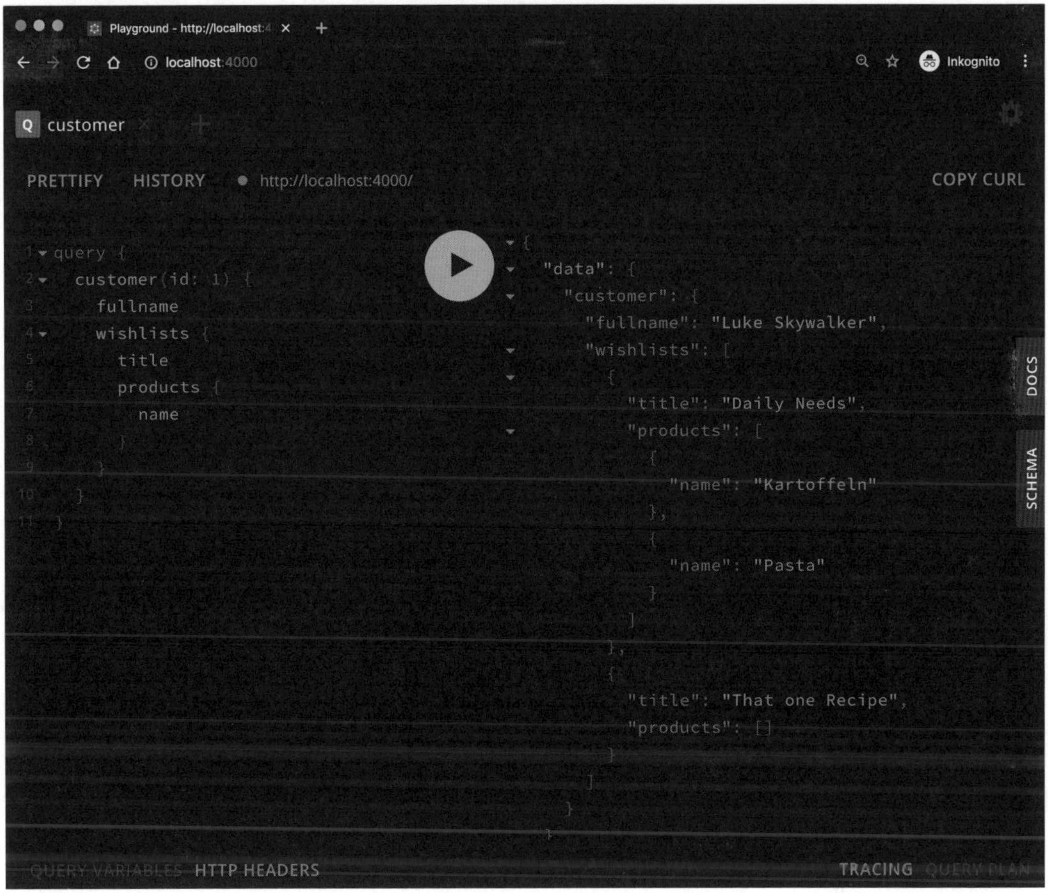

Abb. 6–7
Query mit verschachtelten Nodes

7 Implementierung mit Node II: Erweitertes Schema und Mutationen

Nach der Erstellung eines ersten Schemas im vorherigen Kapitel wird im Folgenden die Projektstruktur verbessert. Über die sogenannte Schema-Modularisierung wird die Schemadefinition in Domain-spezifische Dateien aufgeteilt, um so eine gute Übersicht bei der Entwicklung des API zu erhalten.

Anschließend wird die dadurch erzeugte Übersicht direkt getestet. Denn das aufgeteilte Schema wird anschließend um diverse Interaktionsmöglichkeiten aus dem Use Case erweitert und führt damit in die Node-spezifische Implementierung von Mutationen ein.

Der komplette Code befindet sich auch vollständig auf GitHub [38].

7.1 Schema-Modularisierung

Das aus dem Use Case resultierende GraphQL-Schema hat lediglich drei Objekte. Doch auch mit diesem schmalen Umfang leidet die Übersicht in der *index.js* bereits gewaltig. Deswegen wird es nicht empfohlen sowohl die Schemadefinition als auch die Resolver und das Server-Setup innerhalb einer Datei zu halten. Um hier die Übersicht zu behalten, hilft die sogenannte Schema-Modularisierung. Sie erlaubt, Teile des Schemas in eigene Dateien auszulagern und am Ende wieder zusammenzuführen.

7.1.1 Technische Separation

Im ersten Schritt bietet sich eine deutliche Ausgliederung an: Da das Schema, die Resolver Map und die Beispieldaten getrennt voneinander deklariert sind, können sie auch in eigene Dateien separiert werden.

Beginnend mit dem Graphenschema wird das entsprechende *package* – also ein Unterordner innerhalb des *src*-Ordners – mit dem Namen *schema* erzeugt. In die *index.js* innerhalb dieses Ordners kann dann die Schemadefinition extrahiert werden. Es ist jedoch darauf zu achten, dass die Abhängigkeit zur gql-Funktion der *apollo-server-express*-Bibliothek zu importieren sowie das definierte Schema zu exportieren ist.

Listing 7–1
Inhalt von schema/index.js

```
const { gql } = require('apollo-server');

module.exports =  gql`
type Query {
  products(id: ID, search: String): [Product!]
  customer(id: ID!): Customer
}
interface Node {
  id: ID!
}
type Product implements Node {
  id: ID!
  name: String!
}
type Customer implements Node{
  id: ID!
  fullname: String!
  wishlists: [Wishlist]
}
type Wishlist implements Node {
  id: ID!
  title: String
  products: [Product]!
}
`;
```

Als Nächstes können die Beispieldaten folgen. Auch für diese muss wieder eine *index.js*-Datei innerhalb des entsprechenden Unterordners angelegt werden. Die Beispieldaten sind bisher eine Repräsentation der Datenebene, normalerweise sollte ihr Zugriff nur über Services erfolgen. Ein Service kann Datenbank- oder externe API-Aufrufe durchführen, um die Daten zu sammeln. In diesem vereinfachten Beispiel werden die Beispieldaten als Repräsentation der eigentlichen Datenobjekte in der Applikation unter dem Ordner *model* abgelegt. Auch hier ist zu beachten, die extrahierten Objekte – nun *Models* genannt – zu exportieren.

Listing 7–2
Inhalt von models/index.js

```
let productdata = [{
  id: 2,
  name: 'Kartoffeln',
}, {
  id: 3,
  name: 'Pasta',
},];

let customerdata = [{
  id: 1,
  firstname: "Luke",
  lastname: "Skywalker",
  wishlistIds: [10, 11],
}];

let wishlistdata = [{
  id: 10,
  title: "Daily Needs",
  products: productdata,
}, {
  id: 11,
  title: "That one Recipe",
}];

module.exports = {
  productdata,
  customerdata,
  wishlistdata
};
```

Zuletzt fehlt noch die Resolver Map. Auch diese wird in eine *index.js*-Datei innerhalb eines neuen *resolvers*-Ordners extrahiert. Die Resolver benötigen jedoch noch weitere Anpassungen. Da die Beispieldaten nun als Models importiert werden müssen, ist auch der Zugriff auf diese Objekte innerhalb der Resolver-Logik anzupassen. Dieser erfolgt nicht mehr direkt, sondern nur noch über das importierte Model-Objekt. Um letztendlich auch außerhalb des Moduls auf die Resolver-Map zugreifen zu können, muss sie exportiert werden.

Listing 7–3
Inhalt von resolvers/index.js

```
const models =  require('../models');

module.exports = {
  Query: {
    customer: (parent, {id}) => {
      return models.customerdata.find(
        (c) => c.id == id
      );},
    products: (parent, {id, search}) => {
      if (id) {
        return models.productdata.filter(
          (p) => p.id == id
      );}
      if (search) {
        return models.productdata.filter(
          (p) => p.name.includes(search)
      );} else {
        return models.productdata;
  }},},
  Customer: {
    fullname: customer =>
        `${customer.firstname} ${customer.lastname}`,
    wishlists: customer => models.wishlistdata.filter(
        (w) => customer.wishlistIds.includes(w.id)),
  },
  Node: {
    __resolveType(node) {
      if (node.name) {
        return 'Product';
      } if(node.fullname) {
        return 'Customer';
      } if(node.title) {
        return 'Wishlist';
}}}};
```

Das Schema, die Models und die Resolver Map auszugliedern, reduziert den Umfang der *index.js* auf dem *src*-Pfad des Projekts. Zum Abschluss müssen hier lediglich die zur Serverinitialisierung relevanten Module importiert werden.

Listing 7–4
Inhalt der ursprünglichen index.js

```
const { ApolloServer } = require('apollo-server');

const schema = require('./schema');
const resolvers = require('./resolvers');
```

```
const server = new ApolloServer({
  typeDefs: schema,
  resolvers,
});

// The `listen` method launches a web server.
server.listen().then(({ url }) => {
  console.log(`Server ready at ${url}`);
});
```

Anschließend sollte die Applikation im Playground erneut trotz reduzierter *index.js*-Datei wie zuvor funktionsfähig sein.

7.1.2 Domain-Separation

Eine technische Aufteilung der Definition des GraphQL-Servers hilft im hier angeführten Beispiel bereits deutlich. Doch handelt es sich hierbei auch nur um einen kleinen Use Case mit gerade einmal drei Objekten. In den meisten Fällen ist das Schema auch schon für einzelne Objekte wesentlich komplexer. Komplexe Schemas sind selbst in eine eigene Datei extrahiert nicht sonderlich übersichtlich.

Doch hier beginnt die eigentliche Schema-Modularisierung erst. Denn das erlaubt nicht nur die technische Separation des kompletten Schemas, sondern auch die Extraktion von einzelnen Teilbereichen der Schemadefinition. Es können also einzelne Module extrahiert werden, etwa von einer Domain.

Es kann beispielsweise eine extra Datei für die Definition des Kunden im Schema erstellt werden. Diese sollte sich ebenfalls im *schema*-Package befinden und einen eindeutig zuweisbaren Namen halten: etwa *customer.ts*. Im Inhalt werden anschließend die Teile der Schemadefinition extrahiert, die den Kunden betreffen.

Listing 7–5
Inhalt von schema/customer.js

```
const { gql } = require('apollo-server');

module.exports = gql`
extend type Query {
  customer(id: ID!): Customer
}
type Customer implements Node{
  id: ID!
  fullname: String!
  wishlists: [Wishlist]
}
`;
```

Alle Teilschemas werden vor der Registrierung am GraphQL-Server wieder zusammengefügt. Dadurch sind innerhalb dieses Teilschemas noch immer alle Typen referenzierbar, auch wenn sie teilweise an einer anderen Stelle definiert werden.

Zusätzlich ist zu beachten, dass die Typdefinition von `Query` um das Stichwort `extend` erweitert wurde. Da hier nur der für Kundenabfragen relevante Teil des Query-Objekts gelistet ist, bedeutet dies, dass noch weitere Teile davon vorhanden sind. Das Query-Objekt wird hier also nicht eindeutig definiert, sondern nur erweitert.

Dieselbe Ausgliederung kann ebenfalls für die Wunschliste erfolgen. Hierfür muss die *wishlist.js*-Datei innerhalb des *schema*-Ordners erzeugt und mit dem entsprechenden Teilschema befüllt werden.

Listing 7–6
Inhalt von schema/wishlist.js

```
const { gql } = require('apollo-server');

export default gql`
type Wishlist implements Node {
  id: ID!
  title: String
  products: [Product!]
}
`;
```

Dasselbe entsprechend für Produkte in *product.js*.

Listing 7–7
Inhalt von schema/product.js

```
import { gql } from 'apollo-server-express';

module.exports = gql`
extend type Query {
  products(id: ID, search: String): [Product!]
}
type Product implements Node {
  id: ID!
  name: String!
}
`;
```

Um nun all diese Teilschemas wieder für den eigentlichen Server zu kombinieren, muss in der *schema/index.js*, in der bisher das komplette Schema abgelegt war, ein sogenanntes `linkSchema` erzeugt werden. Das dient als gemeinsame Basis für die einzelnen Schemamodule. Hier definiert man entsprechend alle geteilten Ressourcen – etwa das Node-Interface oder das geteilte Query-Objekt. Demnach wird das `linkSchema` auch als Anker für das Zusammenführen der Teilschemas verwendet.

Listing 7–8
Inhalt von schema/index.js

```
import { gql } from 'apollo-server-express';

const customerSchema = require('./customer');
const wishlistSchema = require('./wishlist');
const productSchema = require('./product');

const linkSchema = gql`
type Query {
  _: Boolean
}
interface Node {
  id: ID!
}
`;
module.exports = [linkSchema, customerSchema,
wishlistSchema, productSchema];
```

Da es sich beim `linkSchema` um die Basisdefinition des Schemas handelt, muss das `Query`-Objekt nicht um den `extend`-Bezeichner erweitert werden. Das _-Feld dient als Platzhalter für die Felder der Domain-spezifischen Teilschemas.

Ein Test mit dem Playground sollte ergeben, dass die Schnittstelle noch ebenso funktionsfähig ist, wie zuvor – mit sauberer Unterteilung in übersichtlichen, Domain-spezifischen Teilschemas.

7.1.3 Resolver Map aufteilen und Models durch Context verteilen

Nun ist das Schema zwar sauber aufgeteilt, doch fehlt noch die Extraktion der zugehörigen Resolver. Dafür müssen zuerst einmal die entsprechenden Teile aus der Resolver Map in eigene Dateien geschrieben und von dort aus exportiert werden.

Hier kann man ganz einfach die Struktur des *schema*-Ordners kopieren und folglich die Dateien *customer.js*, *wishlist.js* und *product.js* erzeugen. In diesen befinden sich dann jeweils die Teilimplementierungen der Resolver Map.

Das Problem dabei: Alle Dateien benötigen die Models, um Abfragen in die entsprechenden Daten aufzulösen. Wenn man bei größeren APIs auch noch die Models in unterschiedliche Dateien aufteilt, kann das pro Resolver-Datei zu einer großen Anzahl von ganz unterschiedlichen Import-Statements führen. Dieses Problem lässt sich aber beheben. Denn hier kommt der dritte Parameter einer üblichen Resolver-Funktion zum Einsatz: der *Context*.

Dieser ist dafür da, um Objekte außerhalb der Resolver Map in die einzelnen Resolver zu reichen – etwa die Models, oder auch einen Authentifizierungs-Token. Das Context-Feld wird zur Initialisierung des Servers übergeben und kann anschließend überall aufgerufen werden.

Listing 7–9
Context-Definition bei Serverinitialisierung

```
...
const schema = require('./schema');
const resolvers = require('./resolvers');
const models = require('./models');

const server = new ApolloServer({
  typeDefs: schema,
  resolvers,
  context: {
    models,
}});
...
```

Damit können Models durch den Applikationskontext in die Resolver Map geladen zu werden, statt sie in jeder einzelnen Datei explizit importieren zu müssen. Daraus ergibt sich folgende Implementierung für den kundenspezifischen Resolver in *resolvers/customer.js*:

Listing 7–10
Inhalt von resolvers/customer.js

```
module.exports = {
  Query: {
    customer: (parent, {id}, {models}) => {
      return models.customerdata.find(
          (c) => c.id == id
      );},
  },
  Customer: {
    fullname: (customer) =>
        `${customer.firstname} ${customer.lastname}`,
    wishlists:  (customer, args, {models})  =>
      models.wishlistdata.filter((w) =>
        customer.wishlistIds.includes(w.id)),
},};
```

Da der Apollo-Server auch mehrere Resolver Maps erlaubt, muss an dieser Stelle kein Zusammenführen der Maps erfolgen. Entsprechend werden sie definiert, wie die komplette Map zu Beginn.

Die Implementierung für das Auflösen von Produktanfragen in *resolvers/product.js* folgt dem gleichen Muster.

Listing 7–11
Inhalt von resolvers/product.js

```
module.exports = {
  Query: {
     products: (parent, {id, search}, {models}) => {
       if (id) {
         return models.productdata.filter(
             (p) => p.id == id
       );}
       if (search) {
         return models.productdata.filter(
             (p) => p.name.includes(search)
       );} else {
         return models.productdata;
}},},};
```

Da für das Auflösen von Anfragen an die Wunschliste bisher Standard-Resolver ausreichen, braucht diese Domain keine zusätzliche Resolver Map.

Innerhalb des generellen Einstiegspunkts in die Resolver – der *resolvers/index.js*-Datei – kann nun die Definition des gemeinsamen Node-Typ-Resolvers sowie die Zusammenführung und das Exportieren der Resolver Maps zu einem gemeinsamen Array erfolgen.

Listing 7–12
Inhalt von resolvers/index.js

```
const customerResolver = require('./customer');
const productResolver = require('./product');

const nodeResolver = {
  Node: {
    __resolveType(node) {
      if (node.name) {
        return 'Product';
      } if(node.fullname) {
        return 'Customer';
      } if(node.title) {
        return 'Wishlist';
}}}};

module.exports = [nodeResolver, customerResolver,
    productResolver];
```

Damit ergibt sich letztendlich innerhalb des Projekts eine eindeutige, Domain-spezifische Struktur, bei der sich gesuchte Funktionalitäten schnell finden lassen.

Listing 7–13
Projektstruktur nach dem Aufteilen

```
* src/
  * models/
    * index.js
  * resolvers/
    * customer.js
    * index.js
    * product.js
  * schema
    * customer.js
    * index.js
    * product.js
    * wishlist.js
  * index.js
```

Ein anschließender Test mit dem Playground sollte ergeben, dass auch mit sauber aufgeteilten Resolver Maps noch immer die komplette, bisherige Funktionalität des APIs gegeben ist.

7.2 Mutationen

Bisher umfasst das erstellte GraphQL-Schema lediglich Typdefinitionen zur Abfrage. Im Use Case sind jedoch auch klare Anforderungen an das Erstellen und Verwalten von Wunschlisten für die Kunden gelistet. Dafür werden Mutationen zur Manipulation der Daten benötigt.

7.2.1 Ein Produkt erstellen

Als erstes einfaches Beispiel kann das Erstellen von neuen Produkten verwendet werden. Dafür muss zunächst das Schema des Produkts um die Mutationsdefinition erweitert werden. Da die Typdefinition von Mutationen jedoch für alle Teilschemas relevant sein wird, kann die Basisdefinition bereits jetzt im `schemaLink` erzeugt werden.

Listing 7–14
Typdefinition der Mutation in schema/index.js

```
...
const linkSchema = gql`
type Query {
  _: Boolean
}
interface Node {
  id: ID!
}
```

```
type Mutation {
  _: Boolean
}
`;
...
```

Anschließend muss die Basisdefinition der Mutationen noch innerhalb des Teilschemas für Produkte erweitert werden.

Listing 7–15
Definition der Mutation in schema/product.js

```
...
module.exports = gql`
extend type Query {
  products(id: ID, search: String): [Product!]
}
type Product implements Node {
  id: ID!
  name: String!
}
extend type Mutation {
  createProduct(name: String!): Product
}
`;
```

Die Mutation benötigt den Namen des neu anzulegenden Produkts. Sollte das Objekt bereits mehr als nur dieses Feld besitzen, lohnt es sich, zusätzlich noch einen Input-Typen zu schreiben (siehe Kapitel 3.3.6). Zudem gibt die Mutation als Rückgabewert wieder das in der Funktion mit ihr erzeugte Produkt zurück.

Als Nächstes muss die Mutation noch in der Resolver Map aufgelöst werden.

Listing 7–16
Auflösen der Mutation in der Produkt-Resolver-Map

```
module.exports = {
  Query: {
...
  },
  Mutation: {
    createProduct: (parent, {name}, {models}) => {
      let newProduct = {name: name};
      models.productdata.push(newProduct);
      return newProduct;
}}};
```

Im Resolver der Definition wird nun das neue Produkt anhand des Parameters der Mutation erzeugt. Normalerweise würde dieses Objekt direkt an einen Service in den Models zur Persistenz übergeben werden.

In diesem Fall wird es mit Aufrufen der push-Funktion zu den Beispieldaten hinzugefügt.

Eine Besonderheit wurde dabei jedoch nicht beachtet: Da Produkte Implementierungen des Node-Typen sind, benötigen sie zusätzlich noch eine eindeutige ID. Da das aufgrund des Non-Null-Modifikators nicht fehlen darf, würde die bisherige Implementierung so nicht funktionieren.

Es muss also auch eine eindeutige ID generiert werden. Für dieses einfache Beispiel reicht ein Zähler in den *models*, der für jedes neu angelegte Objekt eine höhere Nummer zurückgibt, vollkommen aus. Es muss also die *index.js* im Verzeichnis *models* um die Zählerfunktion erweitert werden.

Listing 7–17
Zählerfunktion in models/index.js

```
let idcounter = 19;
const getNextId = function () {
  return idcounter ++;
};

module.exports = {
  productdata,
  customerdata,
  wishlistdata,
  getNextId
};
```

Anschließend kann die Erzeugung der eindeutigen ID im Mutation Resolver des Produkts aus der Funktion im Model erfolgen.

Listing 7–18
Eindeutige ID in der Mutation erzeugen

```
export default {
  Query: {
...
Mutation: {
  createProduct: (parent, {name}, {models}) => {
    let newProduct = {name: name, id: models.getNextId()};
    models.productdata.push(newProduct);
    return newProduct;
}}};
```

Damit wird die Mutation erfolgreich aufgelöst und kann getestet werden. Hierfür ist im Playground das query-Stichwort durch ein mutation auf höchster Ebene zu ersetzen. Es kann zusätzlich definiert werden, welche Felder des Produkts anschließend zurückzugeben sind.

Listing 7–19
Aufruf der Mutation für das Anlegen neuer Produkte

```
mutation {
  createProduct(name: "Tomate") {
    id
    name
}}
```

Die Ausführung dieser Mutation führt dann wie in Abbildung 7–1 zur Rückgabe des neuen Objekts. Anschließend kann durch eine Query in einem neuen Tab innerhalb des Playgrounds (wie in Abbildung 7–2) direkt getestet werden, ob das neu erstellte Objekt erfolgreich zu den Testdaten im Model hinzugefügt wurde.

Abb. 7–1
Mutation zur Erzeugung eines neuen Produkts

7.2.2 Produkt löschen

Etwas einfacher gestaltet sich das Löschen eines Produkts. Da die Identifikation eines einzelnen Nodes durch das Node-Muster möglich ist, kann in dieser Mutation einfach eine ID als Parameter übergeben werden. Zuerst bedarf es wieder der Erweiterung des Schemas in *schema/product.js*.

Listing 7–20
Mutation zum Löschen eines Produkts im Schema

```
...
extend type Mutation {
  createProduct(name: String!): Product
  deleteProduct(id: ID!): Boolean!
}
`;
```

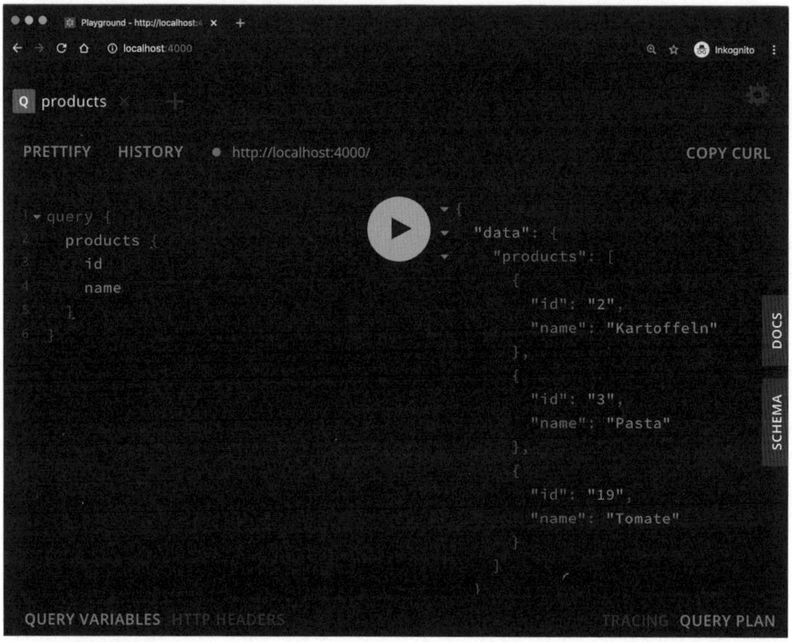

Abb. 7–2
Query der Produktliste für das neue Produkt

Der Boolean-Rückgabewert gibt Feedback, ob das Löschen erfolgreich war oder nicht. Um ein Produkt auch wirklich löschen zu können, wird noch die Implementierung des Resolvers in *resolvers/product.js* benötigt.

Listing 7–21
Mutation zum Löschen eines Produkts im Resolver

```
...
 Mutation: {
...
   deleteProducts: (parent, {id}, {models}) => {
     const newProducts =
       models.productdata.filter((p) => p.id != id);

     models.productdata = newProducts;
     return true;
},}};
```

Innerhalb des Resolvers wird eine neue Produktliste ohne das zu löschende Produkt erzeugt. Anschließend wird der bestehende Datensatz durch die neue Liste überschrieben, und das Löschen war erfolgreich.

Ein Test im Playground in Abbildung 7–3 zeigt das Resultat der ausgeführten Mutation.

Abb. 7–3
Mutation zum Löschen eines Produkts

7.2.3 Wunschliste mit Input-Typen erstellen

Die Mutationen der Produkte sind damit abgeschlossen. Doch es fehlen noch die Mutationen der Wunschlisten. Und diese haben eine Besonderheit. Denn während ein Produkt für sich alleine steht und daher ganz einfach bearbeitet werden kann, halten Wunschlisten Relationen zu anderen Nodes innerhalb des Schemas.

So kann eine Wunschliste beispielsweise nicht einfach erzeugt werden, sondern sie ergibt nur im Kontext eines Kunden Sinn. Logischerweise benötigen die Erstellung und Bearbeitung einer Wunschliste also mehr Parameter, als das bei den Produkten der Fall ist. Hier lohnt es sich also, einen Input-Typ (siehe Kapitel 3.3.6) zu erzeugen. Dafür muss die Schemadefinition in *schema/wishlist.js* erweitert werden.

Listing 7–22
Input-Typ-Definition für Wunschliste erzeugen

```
const { gql } = require('apollo-server');

module.exports = gql`
type Wishlist implements Node {
  id: ID!
  title: String
  products: [Product]!
}
type CreateWishlistInput {
  customerId: ID!
  title: String
  products: [ProductInput]!
}
`;
```

Direkt auffällig: Der Input-Typ ist keine Implementierung des Node-Interface. Da er kein Teil des eigentlichen Graphen ist, sondern nur ein Hilfsobjekt für Mutationen, ist er auch kein Node.

Der definierte Input-Typ erfordert, dass bei der Übergabe als Argument an die Mutation eine Kunden-ID zur Zuordnung vorhanden ist. Der Titel dagegen ist ebenso wie in der eigentlichen Wunschliste optional. Bei der Produktliste ergibt sich noch die Besonderheit des nächsten Input-Typ. Da Input- und Output-Typen nicht gemischt werden dürfen, muss für das Hinzufügen von Produkten ein weiterer Input-Typ in *schema/product.js* definiert werden.

Listing 7–23
Input-Typ-Definition für Produkte

```
...
type Product implements Node {
  id: ID!
  name: String!
}
input ProductInput {
  id: ID
  name: String
}
...
```

Im Input-Typ für Produkte sind sowohl die ID als auch der Name optional. Dementsprechend kann entweder ein bestehendes Produkt durch die ID hinzugefügt, oder ein neues mit dem Namen angelegt werden.

Die nächste Erweiterung des Wunschlisten-Schemas ist die Definition der eigentlichen Mutation, die durch den neuen Input-Typ gefüllt wird.

Listing 7–24
Mutationsdefinition für Wunschliste erzeugen

```
...
type CreateWishlistInput {
  customerId: ID!
  title: String
  products: [ProductInput]!
}
extend type Mutation {
  createWishlist(
      wishlistInput: CreateWishlistInput!
  ): Wishlist
}
`;
```

Auch bei dieser Mutation ist es wieder wichtig, mit dem Non-Null-Modifikator zu deklarieren, dass der Parameter zwingend erforderlich für die erfolgreiche Durchführung der Funktion ist.

Nun muss die Mutation lediglich noch in der Resolver Map aufgelöst werden. Da für Wunschlisten bisher die Standard-Resolver ausgereicht haben, muss hierfür eine neue Resolver Map unter *resolvers/wishlist.js* erzeugt und exportiert werden.

```
module.exports = {
  Mutation: {
    createWishlist: (parent, {wishlistInput}, {models})
        => {},
  },
};
`;
```

Listing 7–25
Resolver für das Anlegen einer Wunschliste

Als Nächstes muss die Resolver Map mit der bisher noch leeren Mutation zur Resolver-Liste in *resolvers/index.js* hinzugefügt werden.

```
const customerResolver = require('./customer');
const productResolver = require('./product');
const wishlistResolver = require('./wishlist');

...

module.exports = [nodeResolver, customerResolver,
    productResolver, wishlistResolver];
```

Listing 7–26
Resolver in resolvers/index.js registrieren

Die erste Abhängigkeit, die innerhalb des Resolvers zurück in *resolvers/wishlist.js* aufgelöst werden kann, sind die Produkte. Da diese über den Wunschlisten-Input-Typ als Liste gesendet werden und über den Input-Typ des Produkts sowohl durch eine ID identifiziert als auch durch einen Namen neu angelegt werden können, ist das auch im Resolver abzubilden.

Es wird also eine neue Produktliste erstellt. Diese wird, falls eine ID vorhanden ist, mit Produkten aus den Beispieldaten im Modell gefüllt. Sollte keine ID vorhanden sein, werden anhand der mitgelieferten Namen neue Produkte erzeugt und zur Liste hinzugefügt.

```
module.exports = {
  Mutation: {
    createWishlist: (parent, {wishlistInput}, {models}) => {
      let products = [];
      wishlistInput.products.forEach((p) => {
        if(p.id){
          products.push(models.productdata.find(
            (pdata) => pdata.id == p.id
          ))
```

Listing 7–27
Produktteil des Resolvers für das Anlegen einer Wunschliste

```
            } else if (p.name){
              let product = {id: models.getNextId(), name: p.name};
              products.push(product);
              models.productdata.push(product)
          }});
...
`;
```

Die erstellten Produkte werden auch direkt in der Datenschicht persistiert.

Im zweiten Schritt kann die neue Wunschliste erzeugt und mit dem Input sowie der zuvor erstellten Liste an Produkten gefüllt werden. Zudem fehlt noch die Relation zum Kunden. Hierfür wird anhand des `customerId`-Felds im Input der Kunde ermittelt und ihm dann die ID der soeben erstellten Wunschliste hinzugefügt.

Listing 7–28
Wunschlisten-Teil des Resolvers für das Anlegen einer Wunschliste

```
module.exports = {
  Mutation: {
    createWishlist: (parent, {wishlistInput},
        {models}) => {
...
      const wishlist = {
        id: models.getNextId(),
        title: wishlistInput.title,
        products: products,
      };
      let customer = models.customerdata.find(
          (c) => c.id == wishlistInput.customerId);
      const index = models.customerdata.indexOf(customer);
      customer.wishlistIds.push(wishlist.id);
      models.wishlistdata.push(wishlist);
      models.customerdata[index] = customer;

      return wishlist;
},},};
`;
```

Zum Abschluss werden sowohl die Wunschliste als auch der um sie erweiterte Kunde persistiert. Dann wird die neu erzeugte Liste noch als Rückgabewert angeboten, und die Mutation ist fertig.

Sie kann nun wie in Abbildung 7–4 im Playground getestet werden.

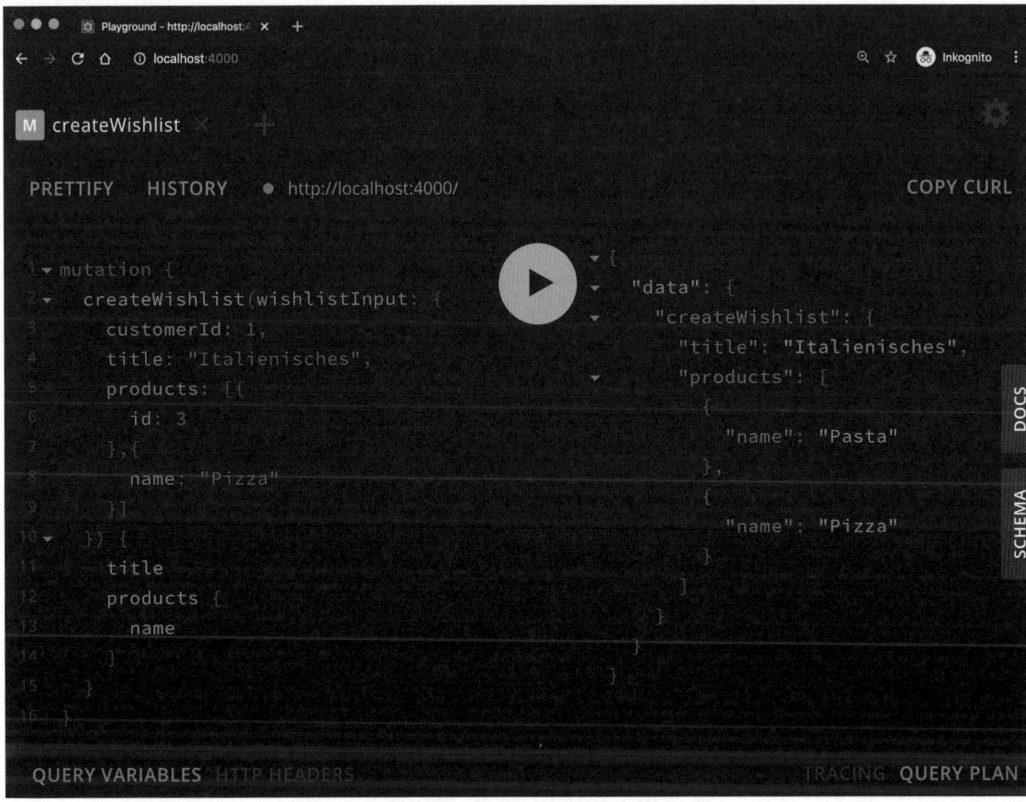

Abb. 7–4
Mutation zum Erzeugen einer Wunschliste

7.2.4 Wunschlisten kaskadierend löschen

Es fehlt nur noch eine Mutation: das Löschen von Wunschlisten. Aufgrund der Verschachtelung einer Wunschliste, kann diese jedoch nicht einfach gelöscht werden. Es gilt, auch die bestehenden Relationen aufzulösen.

Doch als Erstes sollte das Grundgerüst der Mutation gebaut werden. Deshalb wird zuerst die Schemadefinition der Wunschliste um die Mutation erweitert.

Listing 7–29
Schemadefinition der Mutation zum Löschen der Wunschliste

```
...
extend type Mutation {
  createWishlist(wishlistInput:
      CreateWishlistInput!): Wishlist
  deleteWishlists(wishlistIds: [ID!]!): Boolean
}
`;
```

Wie bei den Produkten ist die ID des zu löschenden Objekts zwingend notwendig. Die Mutation hält einen Boolean-Rückgabewert, der angibt, ob das Löschen erfolgreich war oder nicht. In diesem Fall wird jedoch nicht nur eine einzelne ID übergeben, sondern eine komplette Liste. Somit können in einem Request gleich mehrere Listen gelöscht werden.

Als Nächstes folgt die Definition des entsprechenden Resolvers. Hier müssen die IDs zuerst aus den Referenzfeldern der Kunden im Beispieldatensatz gefiltert werden. Anschließend wird die komplette Liste an zu löschenden Wunschlisten aus dem Datensatz entfernt.

Listing 7–30
Resolver-Definition der Mutation zum Löschen der Wunschliste

```
module.exports = {
  Mutation: {
...
    deleteWishlist: (parent, {wishlistIds}, {models}) => {
      let customers = models.customerdata;
      customers.forEach((c) => {
        c.wishlistIds = c.wishlistIds.filter(
          (id) => !wishlistIds.includes(id)
      )});
      models.customerdata = customers;

      models.wishlistdata = models.wishlistdata.filter(
        (w) => !wishlistIds.includes(w.id)
      );
      return true;
},},};
```

Ein erster Test im Playground sollte nun zeigen, dass Wunschlisten gelöscht werden können. Ruft man nach dem Löschen einer Wunschliste die Wunschlisten des verlinkten Kunden ab, sind auch diese entfernt.

Nun besteht jedoch ein neues Problem. Wunschlisten halten nicht nur eine Relation zu Kunden, sondern auch zu Produkten. Diese können zwar bereits gelöscht werden, beachten dabei jedoch nicht die Relation zu Wunschlisten. Demnach werden gelöschte Produkte noch immer in diesen angezeigt. Die entsprechende Mutation in *resolvers/product.js* muss also überarbeitet werden.

Zusätzlich müssen auch die Produkte der Wunschlisten nach dem zu löschenden Produkt durchsucht und gefiltert werden. Erst wenn es dort auch entfernt wurde ist das Produkt auch wirklich vollständig gelöscht.

```
module.exports = {
 Mutation: {
...
    deleteProduct: (parent, {id}, {models}) => {
      const newProducts =
        models.productdata.filter((p) => p.id != id);

      models.wishlistdata.forEach((w) => {
        w.products = w.products.filter((p) =>
          p.id != id
      )});

      models.productdata = newProducts;
      return true;
},}};
```

Listing 7–31
Resolver-Definition der Mutation zum vollständigen Löschen des Produkts

Ein Test im Playground mit anschließender Überprüfung der Wunschlisten sollte nun zeigen, dass Produkte vollständig aus dem System gelöscht werden.

8 Implementierung mit Java I: Das erste Schema

In Kapitel 8 und 9 wird ein GraphQL-Server mit Java erzeugt. Dafür wird die Serverimplementierung GraphQL Java [28] verwendet. Dessen Basis ist die GraphQL Java Engine [27]. Da diese sich jedoch nur mit dem Definieren und Auflösen des GraphQL-Schemas beschäftigt, muss der Stack für die Serverfunktionalität noch um eine Abhängigkeit erweitert werden.

Hierfür wird der GraphQL-Spring-Boot-Adapter [29] und somit das Framework Spring Boot verwendet. Das hilft dabei, mit minimaler Konfiguration einen lauffähigen Java-Service aufzubauen. Damit kann sich dieses Beispiel auf die Implementierung eines GraphQL-Servers fokussieren, ohne dass ein langes Setup der Applikation nötig wäre. Das Beispiel wird nicht zu tief in die Funktionalität von Spring Boot eintauchen, weshalb lediglich ein Basiswissen über Java und das Spring-Framework zum Verständnis der Implementierungen notwendig ist. Die GraphQL Java Engine lässt sich jedoch auch mit jeder anderen Java-Serverimplementierung kombinieren und ist unabhängig von Spring Boot verwendbar.

Das Spring-Boot-Framework

Spring Boot ist ein Open-Source-Framework für Java. Es erweitert das Spring-Framework, das selbst bereits durch die sogenannte *Dependency Injection* lose verbundene und damit flexible Applikationen ermöglicht. Die vorgefertigten *Dependencys* wie etwa *Spring Security* bieten bereits viele Funktionalitäten, ohne den benötigten Code noch selbst schreiben, sondern nur noch einbinden zu müssen.

Spring Boot hat das Ziel, durch dogmatische *Starter-Pakete* und Autokonfigurationen den Entwicklern die benötigte Vorbereitung und Konfiguration der *Dependencys* von Spring zu erleichtern oder sogar abzunehmen und so die Entwicklung effizienter und schneller zu gestalten.

Es wird in diesem Beispiel verwendet, um den vollen Fokus auf das Implementieren des GraphQL-API zu legen und nicht erst eine geeignete Java-Middleware aufbauen zu müssen.

Am Ende dieser beiden Kapitel sollte eine gute Grundlage für einen GraphQL-Server mit Java und Spring Boot stehen. Dieser Boilerplate-Code kann dann auch für die Erstellung eigener Services dienen. Der komplette Code befindet sich auch auf GitHub [38].

8.1 Use Case

In dieser beispielhaften Implementierung wird ein Standard-Use-Case aus den vielen Anforderungen an einen Onlineshop verwendet: die Bestellung.

In einem Onlineshop – dem GraphShop – können sich Kunden registrieren. Diese haben eine ID, einen vollständigen Namen sowie Adressen. Kunden können mehrere Adressen erstellen oder löschen. Adressen bestehen aus ID und einem Empfänger. Zudem können Kunden Bestellungen erzeugen. Diese sind den entsprechenden Kunden zugeordnet und müssen eine Adresse des jeweiligen Kunden referenzieren. Abseits davon haben Bestellungen eine ID sowie einen Preis und ein Lieferdatum. Kunden können all ihre Adressen und Bestellungen anfragen. Es ist zudem möglich, durch eine ID identifizierte oder nur offene Bestellungen anzuzeigen. Um das Beispiel übersichtlich zu halten, wird auf eine zusätzliche Rechnungsadresse neben der Lieferadresse verzichtet.

8.2 Das Projekt aufsetzen

Für die Ausführung des Projekts wird ein Java-SDK in mindestens der Version 11 vorausgesetzt. Das JDK dazu kann von der offiziellen OpenJDK-Webseite heruntergeladen werden [42]. Zusätzlich wird Gradle benötigt. Das findet sich ebenfalls auf der entsprechenden Webseite [25].

Der einfachste Weg, um eine Spring-Boot-Applikation aufzusetzen, ist über den Spring Initializer (siehe Abbildung 8–1). Dieser kann online abgerufen werden [56] und erstellt anhand von Parametern das gewünschte Projekt.

Für dieses Beispiel soll ein Gradle-Projekt in der Sprache Java mit der Spring-Boot-Version 2.2.6 ausgewählt werden. Der Gruppenname kann *com.example* bleiben, während der Artefaktname durch *graphshop* ersetzt wird. Anschließend muss noch die Java-Version 11 ausgewählt werden. Als Abhängigkeit ist das Spring-Web-Paket hinzuzufügen.

Ein Klick auf den *Generate*-Button erstellt das Projekt und lädt es als ZIP-Datei herunter. Diese ist in den entsprechenden Projektordner zu entpacken. Dann kann es mit der gewünschten IDE importiert und verwendet werden.

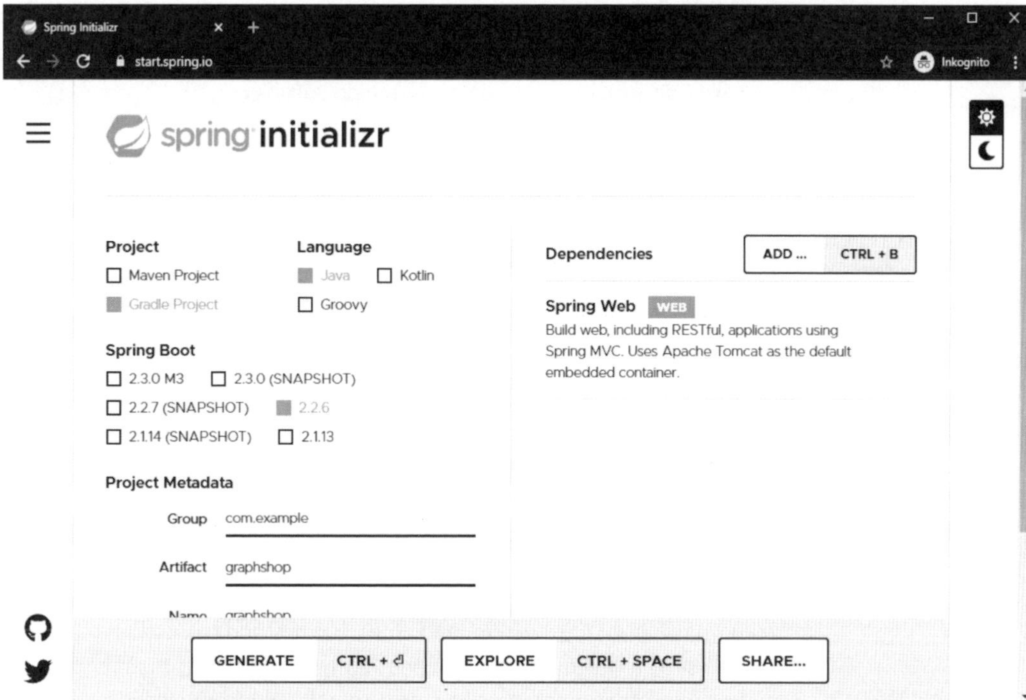

Abb. 8–1
Spring Initializer

8.2.1 Den GraphQL-Server aufsetzen

Als Nächstes müssen noch die Abhängigkeiten für den GraphQL-Java-Server aufgelöst werden. Hierfür ist die *GraphQL-Spring-Boot-Starter*-Bibliothek des GraphQL-Java-Kickstart-Projekts sehr hilfreich [30]. Diese wird in der *build.gradle*-Datei unter den `dependencies` registriert und löst dann alle nötigen Abhängigkeiten auf.

Abseits des Spring Boot Starters, bietet das Kickstart-Projekt auch eine *GraphiQL-Spring-Boot*-Bibliothek. Diese ermöglicht es, den Explorer direkt mit der Applikation zu verbinden. Somit wird bei jedem Applikationsstart auch gleichzeitig der Explorer gestartet und auf dem Pfad */graphiql* zur Verfügung gestellt.

Listing 8–1
GraphQL-Java-Kickstart in build.gradle

```
dependencies {
  implementation 'org.springframework.boot:
      spring-boot-starter-web'
  implementation 'com.graphql-java-kickstart:
      graphql-spring-boot-starter:6.0.1'
  runtimeOnly 'com.graphql-java-kickstart:
      graphiql-spring-boot-starter:6.0.1'
```

```
  testImplementation('org.springframework.boot:
      spring-boot-starter-test') {
    exclude group: 'org.junit.vintage', module:
        'junit-vintage-engine'
}}
```

Die GraphiQL-Bibliothek hat jedoch in der derzeitigen Version 6.0.1 eine noch nicht aufgelöste Abhängigkeit zu Kotlin. Dementsprechend muss zusätzlich noch das Kotlin-Plug-in in *build.gradle* registriert werden. Auch wenn in diesem Beispiel kein Kotlin vorkommt.

Listing 8–2
Kotlin-Plug-in in build.gradle registrieren

```
plugins {
  id 'org.springframework.boot' version '2.2.6.RELEASE'
  id 'io.spring.dependency-management' version '1.0.9.RELEASE'
  id 'org.jetbrains.kotlin.jvm' version '1.3.70'
  id 'java'
}
```

Zudem hat die Erfahrung mit dieser GraphiQL-Kickstarter-Version gezeigt, dass es häufig zu einem Fehler beim standardmäßigen `ContextLoad`-Test von Spring Boot kommen kann. Da der Test für das Beispiel nicht relevant ist, kann diese Klasse einfach gelöscht werden.

Damit sollte alles funktionieren, und das Aufsetzen eines ersten Beispielschemas für den Server kann beginnen. Schemas werden in der Java-Implementierung von GraphQL in **.graphqls*-Dateien definiert. Der spezifische Dateiname ist dabei nicht relevant. Wichtig ist nur die Dateiendung, um das Schema automatisch finden und verknüpfen zu können. **.graphqls*-Dateien werden im *resources*-Ordner des Projekts gespeichert.

Für den ersten Schritt wird dort eine *schema.graphqls*-Datei erzeugt, in der das erste, minimale Schema in der GraphQL-Type-Definition-Sprache definiert werden kann.

Listing 8–3
Erste Schemadefinition in schema.graphqls

```
type Query {
  customer: String!,
}
```

In diesem Fall wird nur das Feld `customer` als `String`-Typ zur Abfrage bereitgestellt. Um dieses Feld mit Daten zu füllen, bedarf es eines Resolvers.

Dieser wird im *java*-Modul des Projekts angelegt. Resolver sind *Services* (beziehungsweise *Components*). Das ist für die automatische Konfiguration des Spring-Boot-Frameworks wichtig, um die Resolver so als *Bean* und somit Komponente innerhalb der Applikation zu registrieren. Die Resolver implementieren das `GraphQLQueryResolver`-Interface. Für das erste Feld im Schema wird innerhalb eines neuen *resolver*-Packages unter dem Artefakt der `QueryResolver` erzeugt.

```
@Service
public class QueryResolver
    implements GraphQLQueryResolver {

  public String customer() {
    return "Luke Skywalker";
  }
}
```

Listing 8–4
Implementierung des QueryResolvers

Dieser QueryResolver hält eine Methode, die das `customer`-Feld des Schemas mit statischem Text füllt. Hier kann dann später der Serviceaufruf erfolgen, um die entsprechenden Daten aus einer Datenbank oder einem externen API auszulesen.

Mit dieser einfachen Definition des Schemas unter *resources/schema.graphqls* sowie der Implementierung des zugehörigen Resolvers unter *java/com/example/graphshop/resolvers/QueryResolver.java* ist der erste GraphQL-Server mit Java bereits umgesetzt.

Nun kann die Applikation mit `gradle bootRun` gestartet werden. Unter *localhost:8080/graphiql* ist der GraphiQL-Explorer bereit für den Test des ersten Querys. Dabei befindet sich auf der linken Seite des Explorers ein Eingabefeld für die Anfrage an das API. Darüber ist der *Playbutton* zur Ausführung des Requests, dessen Ergebnis dann auf der rechten Seite des Explorers angezeigt wird (siehe Abbildung 8–2).

Abb. 8–2
Erste Query-Abfrage mit GraphiQL

8.3 Das initiale Schema aufsetzen

Nun da der GraphQL-Server erfolgreich initialisiert ist, kann das Schema wie in Kapitel 3.3 erweitert werden. Hierfür sind zuerst die Typdefinitionen der Objekte vom Use Case abzuleiten. Anschließend muss der Resolver entsprechend angepasst werden, um die neuen Querys erfolgreich aufzulösen.

Aus dem Use Case lässt sich ableiten, dass der GraphShop aus drei Elementen besteht: Kunden, Adressen und Bestellungen, dabei ist zu beachten, dass ein Kunde mehrere Adressen und Bestellungen hat. Zudem hält eine Bestellung immer exakt eine Adresse.

8.3.1 Objekte im Schema auflösen

In der bisherigen Schemadefinition besteht der Kunde bisher nur aus einem String für seinen Namen. Es gilt, einen neuen `Customer`-Typ zu definieren, um diesen später mit Feldern zu erweitern.

Listing 8–5
Der Costumer-Typ in schema.graphqls

```
type Query {
  customer: Customer,
}

type Customer {
  fullname: String!
}
```

Um diesen neuen Typ auch im Resolver innerhalb des *java*-Moduls nutzen zu können, muss die Definition dort gespiegelt werden. Hierfür kann ein einfaches Plain Old Java Object (POJO) zum Einsatz kommen. In diesem Beispiel ist dafür innerhalb eines neuen *model*-Packages die `Customer`-Klasse zu erzeugen.

Listing 8–6
Die Customer-POJO-Klasse

```
package com.example.graphshop.model;

public class Customer {
  private String firstname;
  private String lastname;

  public Customer (String firstname, String lastname) {
    this.firstname = firstname;
    this.lastname = lastname;
  }
  public String getFirstname() {
    return firstname;
  }
```

```
  public String getLastname() {
    return lastname;
  }
}
```

Um auf Kunden zugreifen zu können und eventuelle Geschäftslogik umzusetzen, muss noch ein Service für diese neue Klasse geschrieben werden. Dieser würde normalerweise über ein *Repository* den Zugriff auf die Daten erhalten. In diesem Beispiel machen wir es uns einfach und persistieren die Beispieldaten direkt innerhalb des Services.

Um der bisherigen Struktur zu folgen, wird der neue *CustomerService* in einem entsprechenden *service*-Package erstellt.

Listing 8–7
Der Costumer-Typ in schema.graphqls

```
package com.example.graphshop.service;

import com.example.graphshop.model.Customer;
import org.springframework.stereotype.Service;

@Service
public class CustomerService {

  private Customer customerData =
      new Customer("Luke", "Skywalker");

  public Customer getCustomer(){
    return customerData;
  }
}
```

Nun ist der *CustomerService* noch im Resolver zu registrieren. Anschließend kann auch der Aufruf des Kunden im Schema über die Rückgabe des *Customer*-POJOs aus dem Service aufgelöst werden.

Listing 8–8
Das Customer-Feld gegen den Customer-Service auflösen

```
@Service
public class QueryResolver
    implements GraphQLQueryResolver {

  private CustomerService customerService;

  public QueryResolver(
      final CustomerService customerService) {
    this.customerService = customerService;
  }
```

```
  public Customer customer() {
    return customerService.getCustomer();
  }
}
```

8.3.2 Feld-Resolver

Eine Abfrage des `fullname`-Feldes aus dem `Customer`-Typ ist damit jedoch noch nicht möglich. Da das `Customer`-POJO kein entsprechendes Feld für den vollständigen Namen, sondern nur für Vor- und Nachnamen getrennt besitzt, können die Standard-Feld-Resolver das entsprechende Feld nicht auflösen.

Bei dieser Diskrepanz zwischen bereits existierendem Datensatz und der idealen GraphQL-Schemadefinition helfen sogenannte Feld-Resolver. Diese lösen einzelne Felder eines definierten Typs gezielt auf. Sie erlauben somit sogenannte *Computed Fields*, also Felder mit Geschäftslogik.

Für den Kunden muss der *CustomerResolver* innerhalb des *resolver*-Packages erzeugt werden. Dieser implementiert das *GraphQLResolver*-Interface. Das benötigt zusätzlich noch einen *Generic Type* des Objekts, für das es Felder auflösen soll, in diesem Fall *Customer*.

Listing 8–9
Der Customer-Feld-Resolver

```
@Service
public class CustomerResolver
    implements GraphQLResolver<Customer> {

  public String fullname (final Customer customer) {
    return customer.getFirstname() + " " +
      customer.getLastname();
  }
}
```

Die Methode zum Auflösen des Feldes bekommt das aufgerufene Objekt als Parameter übergeben. Mit diesem POJO kann anschließend die erforderte Logik für das Feld im GraphQL-Schema implementiert werden.

Mit einem Neustart der Applikation kann nun wie in Abbildung 8–3 über GraphiQL das `fullname`-Feld des `customer`-Typs aufgerufen werden. Trotz `firstname`- und `lastname`-Feldern in der Datenschicht wird es nun richtig aufgelöst.

Abb. 8–3
Customer-Fullname-Abfrage mit GraphiQL

8.3.3 Das Node-Muster

Da Kunden – und auch alle weiteren Objekte – laut Use Case eine ID benötigen, ist dies eine gute Stelle, um das Node-Muster (siehe Kapitel 4.2.1) einzuführen. Hierfür muss zuerst die Definition des Node-Interface im Schema erfolgen. Anschließend kann die Typdefinition des Kunden als Implementierung eines Nodes definiert werden.

Listing 8–10
Einführen des Node-Musters in schema.graphqls

```
type Query {
  customer: Customer
}
interface Node {
  id: ID!
}
type Customer implements Node {
  id: ID!
  fullname: String!
}
```

Als Nächstes muss diese Definition auch im *java*-Modul abgebildet werden. Hierfür wird im *model*-Package das Interface *Node* erzeugt. Das kann zwar – anders als die Typdefinition im GraphQL-Schema – keine Felder halten, jedoch wird die `getId`-Methode definiert, die später Implementierungen des Interface zu einem entsprechenden ID-Feld erzwingt.

Listing 8–11
Implementieren des Java-Node-Interface

```
package com.example.graphshop.model;

public interface Node {
  String getId();
}
```

Die eindeutige ID, die jede Implementierung von Node benötigt, könnte einfach über die Java-eigene *UUID*-Hilfsmethode implementiert werden. Um die manuellen Tests jedoch einfacher zu halten, wird in diesem Beispiel eine simple Hilfsklasse erzeugt, die diese Arbeit erledigt. Dafür wird in einem neuen *utils*-Package die folgende *UUID*-Klasse erzeugt.

Listing 8–12 *Implementieren der eigenen UUID-Hilfsklasse*

```
package com.example.graphshop.utils;

public class UUID {
  private static int id = 0;

  public static String getId() {
    return String.valueOf(id++);
}}
```

Zum Abschluss fehlt nun nur noch die Erweiterung des *Customer*-POJO als Implementierung dieses Interfaces. Dafür ist das `id`-Feld einzuführen, das im Konstruktor der Klasse mit einer eindeutigen ID über die gerade erzeugte *UUID*-Klasse gefüllt wird. Anschließend muss der im Interface definierte *Getter* des `id`-Feldes implementiert werden.

Listing 8–13 *Definition der Customer-Klasse als Implementierung des Node-Interface*

```
package com.example.graphshop.model;

import com.example.graphshop.utils.UUID;

public class Customer implements Node {
  private String id;
  private String firstname;
  private String lastname;

  public Customer (String firstname, String lastname) {
    this.id = UUID.getId();
    this.firstname = firstname;
    this.lastname = lastname;
  }
  public String getId() {
    return id;
  }
...
```

Ein Neustart der Applikation sowie eine Abfrage des neuen ID-Felds durch GraphiQL wie in Abbildung 8–4 lösen nun ebenfalls die erzeugte, eindeutige ID des Kunden auf.

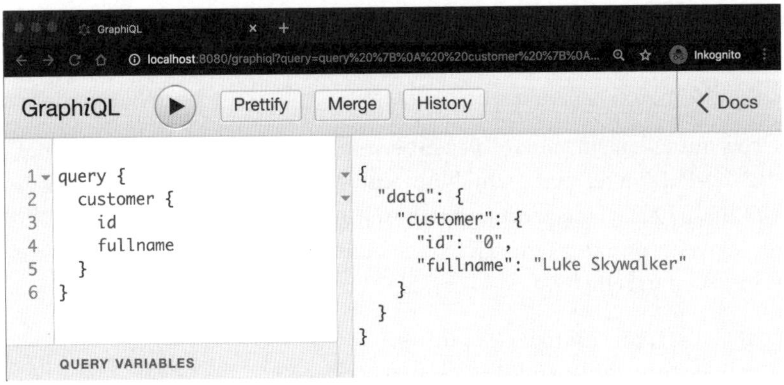

Abb. 8–4
Customer-ID-Abfrage mit GraphiQL

8.3.4 Ergebnisse filtern durch Parameter

Der Beispieldatensatz hat noch ein Problem: Üblicherweise gibt es in einem Onlineshop nicht nur einen Kunden, sondern viele. Um Informationen über einen einzelnen Kunden zu erhalten, muss diese Liste gefiltert werden.

Um das abzubilden, bedarf es einer Anpassung der Beispieldaten im *CustomerService*. Statt eines einzelnen Kunden wird hier nun eine Liste mehrerer Kunden persistiert. Der Zugriff in dieser Liste erfolgt lediglich auf einzelne Kunden, identifiziert durch ihre eindeutige ID aus einem mitgelieferten Parameter.

Listing 8–14
Erweiterung des Beispieldatensatzes im CustomerService

```
@Service
public class CustomerService {

  private List<Customer> customerData = new ArrayList<>(
      Arrays.asList(new Customer("Luke", "Skywalker"),
          new Customer("Leia", "Organa")));

  public Customer getCustomer(String id) {
    return customerData.stream()
        .filter((c) -> c.getId().equals(id))
        .findFirst()
        .orElse(null);
  }
}
```

Um diese ID aus der Query heraus an den Service durchreichen zu können, muss sie natürlich auch als Parameter in das Schema eingeführt werden. Hierzu ist der `customer`-Feldaufruf in der Root-Query zu bearbeiten.

Listing 8–15
ID-Parameter im Schema einführen

```
type Query {
  customer(id: ID!): Customer,
}
```

Da es nur einen einzelnen Rückgabewert aus der Liste geben kann, muss der ID-Parameter mit dem Non-Null-Modifikator versehen werden. Um diese Query entsprechend auflösen zu können, erfolgt anschließend die Erweiterung des *QueryResolvers* um den Parameter sowie das korrekte Weiterreichen an den Service.

Listing 8–16
QueryResolver um ID-Parameter erweitern

```
public Customer customer(String id) {
  return customerService.getCustomer(id);
}
```

Nun kann der Test mit dem neuen Parameter erfolgen. Wird die Query wie bisher ohne Argumente ausgeführt, sollte sie jetzt einen Typ-Error ausgeben. Mit einem beigefügten Parameter wie in Abbildung 8–5 kann jedoch ein spezifischer Kunde angefragt werden.

Abb. 8–5
Customer-ID-Parameter-Abfrage mit GraphiQL

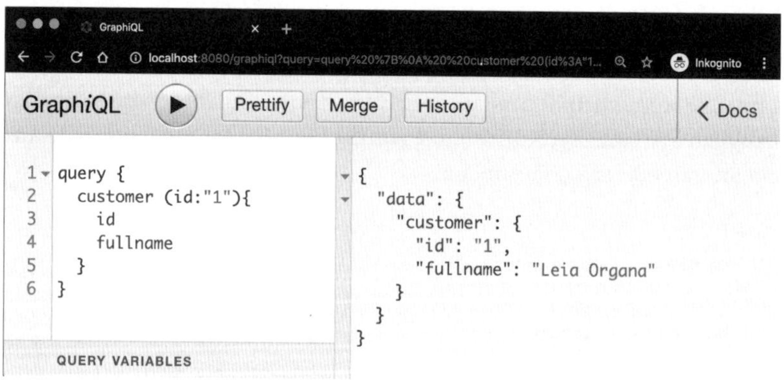

8.3.5 Objekt-Relationen

Neben dem Namen und der ID hält ein Kunde laut dem Use Case noch eine Liste an Adressen. Um das abzubilden, muss eine neue Typdefinition in das Schema aufgenommen werden, vorerst in einer minimalen Version mit nur einem repräsentativen Feld.

Listing 8–17
Schemaerweiterung um Address-Typ

```
type Customer implements Node {
  id: ID!
  fullname: String!
  addresses: [Address!]!
}
```

```
type Address implements Node {
  id: ID!
  receiver: String
}
```

Da die Adresse innerhalb des Graphen aufrufbar ist, stellt sie eine Implementierung des Node-Interfaces dar. Durch das neue addresses-Feld im Customer-Typ sind Adressen abrufbar.

Die Liste, die die Relation zwischen Kunden und Adressen darstellt, darf dabei weder selbst null sein, noch null-Einträge enthalten. Gerade in Java macht diese stärkere Non-Null-Absicherung aufgrund der starken Typisierung das Arbeiten der Entwickler mit dem API wesentlich einfacher.

Als Nächstes folgt wie beim Kunden eine POJO-Klasse für den Address-Typ. Auch diese muss wie ihr Schema-Gegenstück das Node-Interface implementieren und daher eine eindeutige ID besitzen. Es ist also eine Address-Klasse im *model*-Package zu erzeugen.

Listing 8–18
Address-POJO im model-Package

```
package com.example.graphshop.model;

import com.example.graphshop.utils.UUID;

public class Address implements Node{
  private String id;
  private String receiver;

  public Address(String receiver) {
    this.id = UUID.getId();
    this.receiver = receiver;
  }
  public String getId() {
    return this.id;
  }
  public String getReceiver() {
    return this.receiver;
}}
```

Anschließend muss wie im Schema noch die Relation zwischen Adressen und Kunden hergestellt werden. Dafür ist im Customer-POJO die neue Address-Klasse als Feld zu verlinken.

Listing 8–19
Erweitern des Customer-POJO durch die Address-Relation

```
public class Customer implements Node {
...
  private List<Address> addresses;

  public Customer (String firstname, String lastname,
      List<Address> addresses) {
...
    this.addresses = addresses;
...
  }
...
  public List<Address> getAddresses() {
    return addresses;
  }
}
```

Da die Adressen nun direkt als Objekt verlinkt werden, kann der Standard-Feld-Resolver diese Abhängigkeit bereits auflösen. Es ist also keine Anpassung des bestehenden oder eine Einführung eines neuen Resolvers nötig.

Um diese neue Objektrelation im Schema jedoch auch testen zu können, muss zuletzt noch das initiale Testdatenset im *CustomerService* angepasst werden. Da sich der Konstruktor des *Customer*-POJO geändert hat, ist dies sowieso erforderlich.

Listing 8–20
Anpassen des initialen Testdatensets im CustomerService

```
private List<Customer> customerData =
    new ArrayList<>(Arrays.asList(
        new Customer("Luke", "Skywalker",
            Collections.singletonList(
                new Address("Lars Moisture Farm"))),
        new Customer("Leia", "Organa",
            Collections.emptyList())));
```

Anschließend kann das erweiterte Schema mit einem Applikationsneustart durch GraphiQL wie in Abbildung 8–6 getestet werden.

8.3.6 ID-Referenz-basierte Objekt-Relationen

Abseits der Relation zu Adressen besitzen Kunden auch Bestellungen. Diese sind ebenfalls im Schema zu definieren. Auch hier wird, um die Relation der Nodes zueinander zu realisieren, eine minimale Version der Bestellung aufgesetzt. Die Felder kommen dann später hinzu.

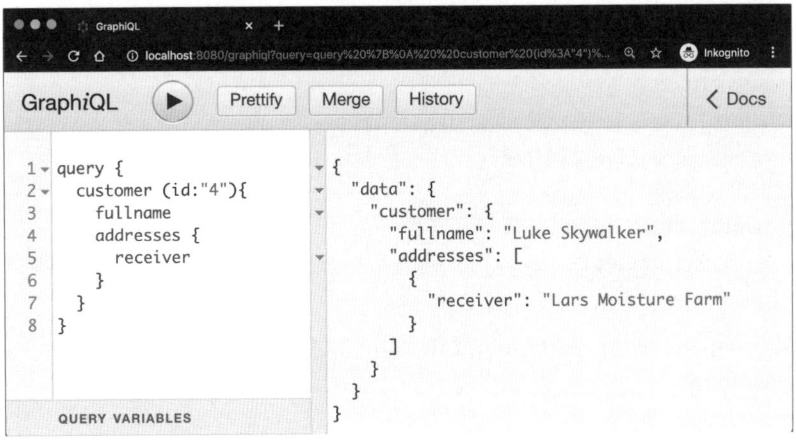

Abb. 8–6 *Customer-Address-Relation-Abfrage mit GraphiQL*

Listing 8–21 *Order-Definition in schema.graphqls*

```
type Customer implements Node {
  id: ID!
  fullname: String!
  addresses: [Address!]!
  orders: [Order!]!
}
type Order implements Node {
  id: ID!
  deliveryaddress: Address!
  price: Float
}
```

Um den neuen Typ auf dem Server abbilden zu können, bedarf es zusätzlich noch des *Order*-POJOs im *model*-Package.

Listing 8–22 *Implementierung des Order-POJOs*

```
package com.example.graphshop.model;

import com.example.graphshop.utils.UUID;

public class Order implements Node {
  private String id;
  private Address deliveryaddress;
  private float price;

  public Order (float price, Address deliveryaddress) {
    this.id = UUID.getId();
    this.price = price;
    this.deliveryaddress = deliveryaddress;
  }
```

```
  public String getId() {
    return id;
  }
  public Address getDeliveryaddress() {
    return deliveryaddress;
  }
  public float getPrice() {
    return price;
}}
```

Zusätzlich ist das *Customer*-POJO um die Relation der Bestellungen zu erweitern.

Listing 8–23
Implementierung des Order-POJOs

```
public class Customer implements Node {
...
  private List<String> orderIds;

  public Customer (String firstname, String lastname,
      List<Address> addresses,
      List<String> orderIds) {
...
    this.orderIds = orderIds;
...
  }
...
  public List<String> getOrderIds() {
    return orderIds;
  }
}
```

Auffällig hierbei: Die Relation bildet sich in diesem Beispiel durch die Referenzierung der IDs spezifischer Bestellungen, nicht wie bei den Adressen durch direkte Objektverlinkung. Das ist vor allem mit relationalen Datenbanken oder REST-APIs als Datenquellen häufig der Fall. Das führt jedoch dazu, dass der Standard-Feld-Resolver das im Schema definierte `orders`-Feld nicht auflösen kann.

Es muss also manuell im Feld-Resolver des Kunden das Auflösen der Relation implementiert werden. Um den Zugriff auf die Bestelldaten zu verwalten, muss jedoch zuerst ein *OrderService* im Package *service* erstellt werden. Dieser gibt dann für die Liste der spezifischen `orderIds` im Kunden-Objekt die entsprechenden Bestellungen zurück.

Zusätzlich kann an dieser Stelle das für das Beispiel relevante Testdatenset der Bestellungen erstellt werden. Um diese anschließend den Testdaten-Kunden zuweisen zu können, sind die Bestellungen als öffentliche, statische Konstante zu definieren.

Listing 8–24
Implementierung des OrderService

```
@Service
public class OrderService {
  public static final List<Address> ADDRESS_DATA =
      new ArrayList<>(Arrays.asList(
          new Address("Lars Moisture Farm"),
          new Address("Alderaan Palace")));
  public static final List<Order> ORDER_DATA =
      new ArrayList<>(Arrays.asList(
          new Order(11.38f, ADDRESS_DATA.get(0)),
          new Order(42.99f, ADDRESS_DATA.get(1))));
  public static final List<String> ORDER_IDS =
      new ArrayList<>(Arrays.asList(
          ORDER_DATA.get(0).getId(),
          ORDER_DATA.get(1).getId()));

  public List<Order> getOrdersByIds(List<String> ids) {
    return ORDER_DATA.stream()
        .filter((o) -> ids.contains(o.getId()))
        .collect(Collectors.toList());
  }
}
```

Anschließend können die Kunden-Testdaten im *CustomerService* um die soeben erzeugten Bestell-Testdaten erweitert werden.

Listing 8–25
Anpassung der Customer-Testdaten im CustomerService

```
private List<Customer> customerData =
    new ArrayList<>(Arrays.asList(
        new Customer("Luke", "Skywalker",
            OrderService.ADDRESS_DATA.subList(0,1),
            OrderService.ORDER_IDS.subList(0,1)),
        new Customer("Leia", "Organa",
            OrderService.ADDRESS_DATA.subList(1,2),
            OrderService.ORDER_IDS.subList(1,2))));
```

Mit erfolgreicher Erstellung der Testdaten fehlt nur noch das Auflösen des entsprechenden `orders`-Feld des Kunden im *CustomerResolver*. Hier ist der soeben implementierte *OrderService* zu registrieren. Anschließend kann über diesen die mit `orderIds` des Kunden gefilterte Liste der Bestellungen zurückgegeben werden.

Listing 8–26
Erweiterung des CustomerResolvers um das orders-Feld

```
@Service
public class CustomerResolver
implements GraphQLResolver<Customer> {
  private OrderService orderService;

  public CustomerResolver(final OrderService orderService) {
    this.orderService = orderService;
  }

  public List<Order> orders(final Customer customer) {
    return orderService.getOrdersByIds(customer.getOrderIds());
  }
...
```

Ein anschließender Test mit GraphiQL nach Neustart der Applikation sollte nun ergeben, dass, wie in Abbildung 8–7 zu sehen, über den Kunden direkt auf die Felder ihrer Bestellungen zugegriffen werden kann.

Abb. 8–7
Customer-Order-Relation-Abfrage mit GraphiQL

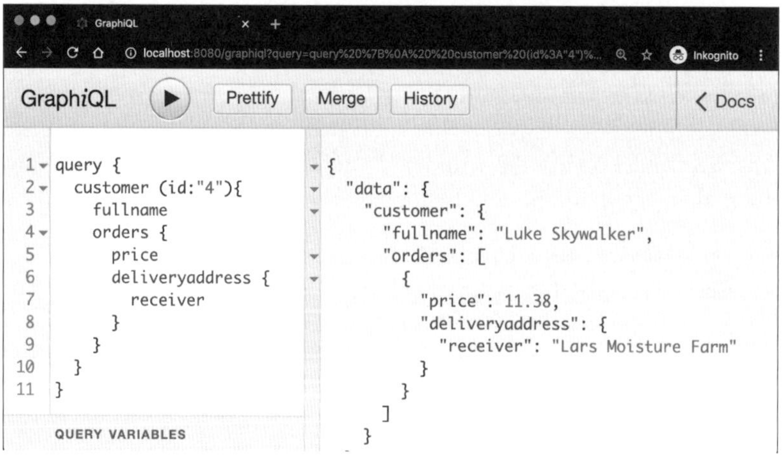

9 Implementierung mit Java II: Erweitertes Schema und Mutationen

Nach der Erstellung eines ersten Schemas im vorherigen Kapitel wird im Folgenden tiefer in die Möglichkeiten mit GraphQL eingeführt: Neben eigenen Datentypen werden auch Geschäftslogik-Felder implementiert.

Anschließend wird über die Schema-Modularisierung eine bessere Übersicht in der Projektstruktur zur Entwicklung des API erstellt. Diese Übersicht wird auch direkt getestet. Denn das aufgeteilte Schema wird anschließend um diverse Interaktionsmöglichkeiten aus dem Use Case erweitert und führt damit in die Java-spezifische Implementierung von Mutationen ein.

Der komplette Code befindet sich auch vollständig auf GitHub [38].

9.1 Selbstdefinierte Skalar- und Geschäftslogik-Felder

Alle Objektrelationen aus dem Use Case sind nun abgebildet. Es kann also begonnen werden, die Nodes mit den benötigten Feldern zu füllen. Vor allem in der Adresse ist das einfach – hier werden für die Adressfelder lediglich String- und Integer-Objekte sowohl im Schema als auch im `Address`-POJO erzeugt. Das Auflösen funktioniert dann mit einem Standard-Feld-Resolver. Dessen Implementierung muss also hier nicht weiter vertieft werden.

Interessant wird es hingegeben bei den Bestellungen. Hier wird laut Use Case ein Lieferdatum benötigt. Zur einfachen Umsetzung könnte das ein String sein. Doch später sollen Bestellungen über das Lieferdatum gefiltert werden können. Um das zu ermöglichen, benötigt der Wert im Feld ein klares Format, das für eine Filterfunktionalität verglichen werden kann.

9.1.1 Skalar-Typ in Schema und POJO definieren

In Java gibt es zu diesem Zweck den LocalDate-Typ für Objekte, die ein Datum repräsentieren. Leider bietet GraphQL kein ähnliches Feld zur Typ-Validierung des deliverydate-Feldes an. Dafür gibt es jedoch die Möglichkeit, eigene Skalar-Typen zu erzeugen. Diese haben den Vorteil, dass ein falsch gesetzter Wert direkt als Typfehler interpretiert und ausgeworfen wird, statt zu nicht unbedingt aussagekräftigen Verarbeitungsfehlern in der Geschäftslogik zu führen.

Um einen eigenen Skalar-Typ zu erzeugen, ist er zuerst im Schema zu deklarieren. Danach kann er den gewünschten Feldern zugewiesen werden.

Listing 9–1
Deklaration des eigenen Skalar-Typs in schema.grapqhls

```
scalar GraphQLDate

type Order implements Node {
  id: ID!
  deliveryaddress: Address!
  price: Float
  deliverydate: GraphQLDate
}
```

Anschließend muss das Order-POJO um das neu hinzugefügt Feld erweitert werden. Da in Java bereits der LocalDate-Typ das gewünschte Verhalten vorweist, kann dieser für das deliverydate-Feld verwendet werden.

Listing 9–2
Order-POJO durch deliverydate-Feld erweitern

```
public class Order implements Node {
...
  private LocalDate deliverydate;

  public Order (float price,
      Address deliveryaddress, LocalDate deliverydate) {
...
    this.deliverydate = deliverydate;
  }
...
  public LocalDate getDeliverydate() {
    return deliverydate;
  }
}
```

Da der Konstruktor des Order-POJO verändert wurde, muss anschließend auch das Testdatenset im *OrderService* angepasst werden.

```
public static final List<Order> ORDER_DATA =
    new ArrayList<>(Arrays.asList(
        new Order(11.38f, ADDRESS_DATA.get(0),
            LocalDate.now()),
        new Order(42.99f, ADDRESS_DATA.get(1),
            LocalDate.now().plusDays(1))));
```

Listing 9–3
Erweitern des Order-Testdatensets im OrderService

In der ersten Bestellung wird durch `LocalDate.now()` das Lieferdatum auf den Zeitpunkt der Initialisierung festgelegt. In der zweiten Bestellung wird für die Diversität des Datensatzes hingegen noch ein Tag hinzugerechnet.

Im Schema ist also das `deliverydate`-Feld als `GraphQLDate` typisiert, im `Order`-POJO jedoch als `LocalDate`. Was fehlt, ist die Verbindung zwischen beiden Typen, also der Resolver, der `GraphQLDate` in den `LocalDate`-Typ auflöst oder einen Typfehler wirft, sollte dies nicht möglich sein.

9.1.2 Die GraphQLScalarType-Implementierung

Hierfür muss ein `GraphQLScalarType` für den `GraphQLDate`-Typ definiert und im GraphQL-Server registriert werden. Diese Registrierung erfolgt durch das Erzeugen eines entsprechenden Spring *Beans* in der Spring *Configuration* des Servers. In diesem Fall wird einfach die *GraphQL-Configuration* im *graphshop*-Package erstellt.

In dessen `addScalarGraphQLDate()`-Methode wird anschließend der gewünschte *GraphQLScalarType* über einen `Builder` generiert. Wichtig ist hierbei vor allem die zu verlinkende *Coercing*-Implementierung, die für die eigentliche Validierung des eigenen Typs verantwortlich ist.

```
@Configuration
public class GraphQLConfiguration {

  @Bean
  public GraphQLScalarType addScalarGraphQLDate() {
    return GraphQLScalarType.newScalar()
        .name("GraphQLDate")
        .description("Date Type")
        .coercing(new Coercing<LocalDate, String>() {
          @Override
          public String serialize(Object dataFetcherResult)
              throws CoercingSerializeException {
            return null;
          }
```

Listing 9–4
GraphQLConfiguration-Implementierung

```
        @Override
        public Date parseValue(Object input)
            throws CoercingParseValueException {
          return null;
        }
        @Override
        public Date parseLiteral(Object input)
            throws CoercingParseLiteralException {
          return null;
      }})
      .build();
}}
```

Die Implementierung von *Coercing* setzt drei Methoden voraus: `serialize`, `parseValue` und `parseLiteral`.

`serialize` ist dafür verantwortlich, das Java-Objekt, das als Response aus dem Server über das API ausgegeben wird, für diese Ausgabe in einen String zu serialisieren. Das sollte natürlich nur erfolgreich sein, wenn validiert wurde, dass das Quellobjekt die Anforderungen des Typs erfüllt. In diesem Fall reicht zur Überprüfung der Versuch, den Input in ein *LocalDate*-Objekt zu wandeln. Sollte das nicht gelingen, handelt es sich definitiv um kein Datum.

Listing 9–5
Die Implementierung der serialize-Methode

```
@Override
public String serialize(Object input) {
  try {
    String dateStr = String.valueOf(input);
    LocalDate.parse(dateStr);
    return dateStr;
  } catch (DateTimeParseException e) {
    throw new CoercingSerializeException(
        "Invalid value '" + input + "' for GraphQLDate");
  }
}
```

`parseValue` kümmert sich um die Abbildung einer Objekt-Eingabe aus dem Graphenschema auf den neuen Skalar-Typ. Auch hier muss validiert werden, ob der Input den Anforderungen des Typs entspricht. Als Ergebnis liefert diese Methode jedoch nicht einen String für die Ausgabe, sondern ein *LocalDate*-Objekt für die weitere Verarbeitung auf dem Server.

```
@Override
public LocalDate parseValue(Object input) {
  try {
    String dateStr = String.valueOf(input);
    return LocalDate.parse(dateStr);
  } catch (DateTimeParseException e) {
    throw new CoercingParseValueException(
        "Invalid value '" + input + "' for GraphQLDate");
  }
}
```

Listing 9–6
Die Implementierung der parseValue-Methode

`parseLiteral` macht letztendlich dasselbe wie `parseValue`. Statt eines Objekts wird hier aber ein Literal (also beispielsweise ein direkter String Value) erwartet, validiert und verarbeitet.

```
@Override
public LocalDate parseLiteral(Object input) {
  try {
    if (!(input instanceof StringValue)) return null;
    String value = ((StringValue) input).getValue();
    return LocalDate.parse(value);
  } catch (DateTimeParseException e) {
    throw new CoercingParseValueException(
        "Invalid literal '" + input + "' for GraphQLDate");
  }
}
```

Listing 9–7
Die Implementierung der parseLiteral-Methode

Damit sollte der `GraphQLDate`-Typ nun sicher validiert und aufgelöst werden. Ein Neustart der Applikation sollte mit einem Test in GraphiQL ergeben, dass wie in Abbildung 9–1 ein Datum für das `deliverydate`-Feld übergeben wird.

Dabei ist zu beachten, dass eine Typ-Validierung erfolgt. Das ist zwar vor allem bei Nutzereingaben gegen das API interessant, hilft jedoch auch bei der clientseitigen Entwicklung. Es erfolgt nämlich durch die `serialize`-Methode ebenso eine Validierung der Quelldaten, was die Ergebnisse einer Abfrage typsicher hält.

Testweise kann etwa der Rückgabewert des *Getters* für das `deliverydate`-Feld innerhalb des *Order*-POJOs durch einen String ersetzt werden.

```
public String getDeliverydate() {
  return "Malformed deliverydate";
}
```

Listing 9–8
Testweise Anpassung des deliverydate-Rückgabewertes

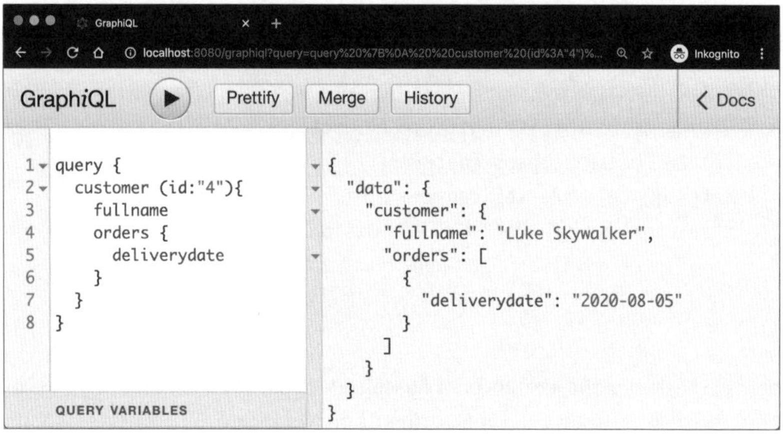

Abb. 9–1 *Abfrage mit GraphQL-Date-Typisierung in GraphiQL*

Ein Neustart der Applikation sowie eine erneute Anfrage der Lieferzeit einer Bestellung in GraphiQL sollten nun wie in Abbildung 9–2 einen Typ-Error werfen und damit die fehlerhafte Typisierung aufdecken. Alternativ kann dieser Fehler in der Datenstruktur des Servers auch abgefangen und überdeckt werden.

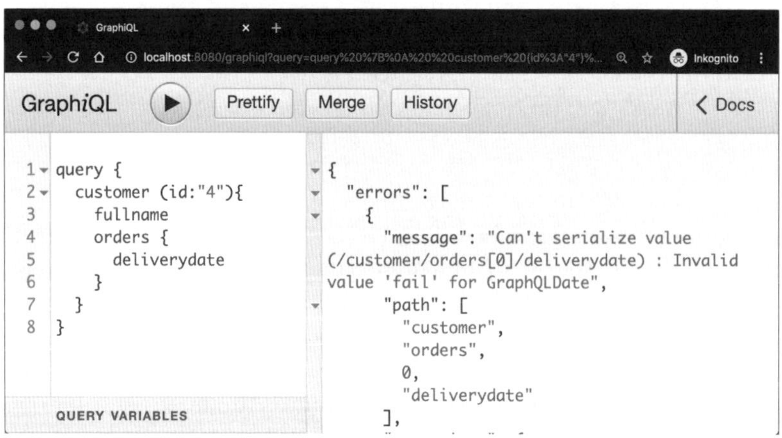

Abb. 9–2 *Abfrage mit fehlerhafter Typisierung in GraphiQL*

9.1.3 Geschäftslogik-Felder und -Parameter

Ein semantisch geladenes `deliverdate`-Feld erlaubt die Umsetzung einer weiteren Anforderung des Use Cases: der Filter auf bereits gelieferte oder noch offene Bestellungen. Zur Auskunft des Zustands einer Bestellung ist die Einführung eines Geschäftslogikfelds `isDelivered` sinnvoll.

Hierzu muss zuerst im Schema der `Order`-Typ um das entsprechende Feld erweitert werden.

```
type Order implements Node {
  id: ID!
  deliveryaddress: Address!
  price: Float
  deliverydate: GraphQLDate
  isDelivered: Boolean
}
```

Listing 9–9
isDelivered-Geschäftslogikfeld in der Order-Type-Definition

Als Nächstes muss das Feld aufgelöst werden. Da es keine Repräsentation des dynamischen Feldes in der Datenschicht gibt, das über einen Standard-Feld-Resolver aufgelöst werden könnte, ist ein eigener *Order-Resolver* im *resolver*-Package zu schreiben.

```
@Service
public class OrderResolver
    implements GraphQLResolver<Order> {

  public Boolean isDelivered(final Order order) {
    return LocalDate.now()
        .isAfter(order.getDeliverydate())
        || LocalDate.now()
        .isEqual(order.getDeliverydate());
  }
}
```

Listing 9–10
OrderResolver für das isDelivered-Geschäftslogik-Feld

Im Resolver des `isDelivered`-Feldes wird überprüft, ob das Lieferdatum bereits in der Vergangenheit liegt, und eine entsprechende Antwort zurückgegeben. Damit ist das Geschäftslogikfeld auch schon implementiert und kann mit einem Neustart der Applikation in GraphiQL getestet werden.

Abseits der Information, ob eine Bestellung bereits geliefert wurde, erfordert der Use Case jedoch auch, Bestellungen eines Kunden auf ihren Lieferzustand, oder auch auf die ID filtern zu können. Hierfür muss im Schema das `orders`-Feld des Kunden um die optionalen Parameter erweitert werden.

```
type Customer implements Node {
  id: ID!
  fullname: String!
  addresses: [Address!]!
  orders(id: ID, isDelivered: Boolean): [Order!]!
}
```

Listing 9–11
Erweiterung des orders-Feld im Customer Type um die optionalen Parameter

Anschließend ist die Resolver-Methode des Feldes im *CustomerResolver* anzupassen. Die bisherige Funktionalität muss dabei sowohl um einen Filter für den angefragten Lieferzustand als auch die ID erweitert werden. Da die beiden Argumente optional sind, ist dabei wichtig, sie auf null-Werte zu überprüfen, um eine *Nullpointer Exception* zu vermeiden.

Listing 9–12
Erweiterung der order-Methode CustomerResolver

```
public List<Order> orders(final Customer customer,
    final String id,
    final Boolean isDeliverd) {
  List<Order> customerOrders =
      orderService.getOrdersByIds(customer.getOrderIds());

  if (isDeliverd != null) {
    customerOrders = customerOrders.stream()
        .filter(o -> {
            if(isDeliverd) return LocalDate.now()
                .isAfter(o.getDeliverydate())
                || LocalDate.now()
                .isEqual(o.getDeliverydate());
            else return LocalDate.now()
                .isBefore(o.getDeliverydate());
        }).collect(Collectors.toList());
  }
  if (id != null)
    return customerOrders.stream()
        .filter(o -> o.getId().equals(id))
        .collect(Collectors.toList());
  return customerOrders;
}
```

Mit diesen Änderungen sollten die Parameter funktionsfähig sein. Um einen repräsentativen Test durchführen zu können, sollten idealerweise noch die Testdaten für einen Nutzer im *CustomerService* um eine Bestellung mit abweichendem Lieferstatus erweitert werden. Da die bisher angelegten Bestellungen diese Anforderung bereits erfüllen, reicht es, die *.sublist(...)-Aufteilung der Datensätze zu entfernen.

Listing 9–13
Anpassung des Beispieldatensatzes im CustomerService

```
private List<Customer> customerData =
    new ArrayList<>(Arrays.asList(
        new Customer("Luke", "Skywalker",
            OrderService.ADDRESS_DATA,
            OrderService.ORDER_IDS),
        new Customer("Leia", "Organa",
            OrderService.ADDRESS_DATA,
            OrderService.ORDER_IDS)));
```

Nach einem Neustart über GraphiQL wird nun wie in Abbildung 9–3 zu sehen entsprechend der Geschäftslogik des Lieferzustands oder auch optional nach der angegebenen ID gefiltert.

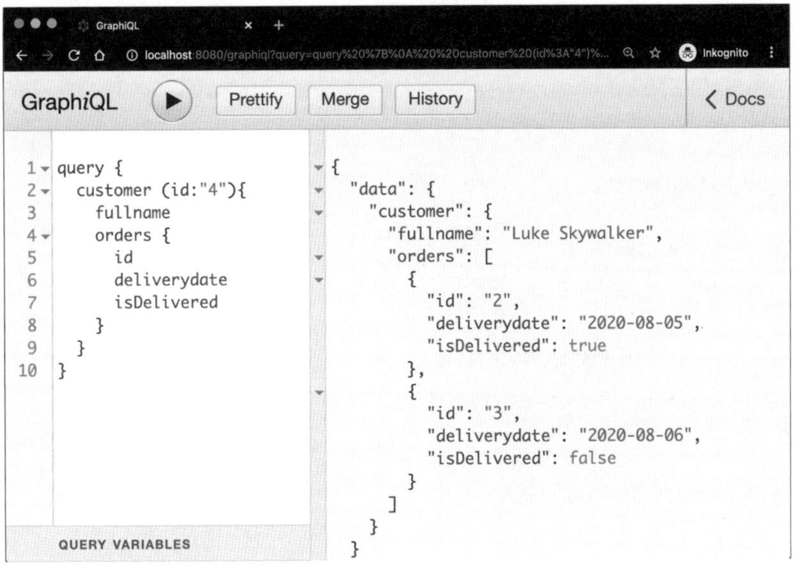

Abb. 9–3
Abfrage gelieferter Bestellungen in GraphiQL

9.2 Mutationen erstellen und Schemamodularisierung

Bisher wurden im GraphQL Schema nur Querys definiert und deren Resolver implementiert. Doch laut Use Case muss nicht nur das Abfragen, sondern auch das Verändern der Daten möglich sein. Unter anderem müssen sich Kunden registrieren, Adressen und Bestellungen erstellen sowie Adressen wieder löschen können.

9.2.1 Kunden registrieren

Die erste Mutation soll die Registrierung eines neuen Kunden im Shop ermöglichen. Dafür wird eine `registerCustomer`-Methode erstellt. Diese muss im Mutation-Typ des Schemas registriert werden.

Da das Schema in der *schema.graphqls*-Datei mit der Erweiterung durch ein weiteres Objekt langsam an Übersicht verliert, ist dies zudem eine gute Gelegenheit, Teilschemas zu extrahieren. Hierfür können einfach zusätzliche **.graphqls*-Dateien angelegt werden. Die GraphQL-Java-Engine kombiniert am Ende in der sogenannten *Schemamodularisierung* alle Schemadefinitionen mit dieser Endung zu einer.

Für die zu implementierende Mutation kann also in der *schema .graphqls* zuerst ein leerer Mutation-Typ als Platzhalter definiert werden. Anschließend werden alle für den Kunden relevanten Typdefinitionen in eine neue *customer.graphqls*-Datei unter einem *schema*-Package innerhalb des *resources*-Modul extrahiert.

Listing 9–14
Die reduzierte schema.graphqls

```
scalar GraphQLDate
type Query {
}
type Mutation {
}
interface Node {
  id: ID!
}
type Order implements Node {
...
}

type Address implements Node {
...
}
```

Nun kann *customer.graphqls* mit der Typdefinition rund um den Kunden gefüllt werden. Zu beachten ist, dass sowohl der Query- als auch der Mutation-Typ von dem Platzhalter in *schema.graphqls* mit dem Stichwort `extend` erweitert werden muss. Das sorgt für eine reibungslose Migration der einzelnen Teilschemas zu einem gesamten Schema.

Zudem kann hier auch gleich die neue Mutation definiert werden. Diese soll einen neuen Kunden anhand der `firstname`- sowie `lastname`-Parameter anlegen und gibt anschließend das neu erzeugte Kunden-Objekt zurück.

Listing 9–15
Die übersichtliche Teilschema-Definition in customer.graphqls

```
extend type Query {
  customer(id: String!): Customer,
}
extend type Mutation {
  registerCustomer(firstname: String!,
      lastname: String): Customer
}
type Customer implements Node {
  id: ID!
  fullname: String!
  addresses: [Address!]!
  orders(id: ID, isDelivered: Boolean): [Order!]!
}
```

Um einen neuen Kunden auch im Beispieldatensatz zu persistieren, wird die entsprechende Methode im Service benötigt. Dafür kann innerhalb des *CustomerService* eine gleichnamige Methode mit identischen Parametern angelegt werden, die das *Customer*-Objekt erzeugt und zum Datensatz hinzufügt sowie an das API zurückgibt.

Listing 9–16
Registrieren des Kunden im CustomerService

```
public Customer registerCustomer(String firstname,
      String lastname) {
  Customer newCustomer = new Customer(firstname, lastname,
      Collections.emptyList(), Collections.emptyList());
  customerData.add(newCustomer);
  return newCustomer;
}
```

Jetzt muss mit einem Resolver nur noch die Verbindung zwischen der Mutation im Schema und dem Service hergestellt werden. Dafür wird eine Implementierung des *GraphQLMutationResolver*-Interface benötigt. Im Falle dieser Mutation ist also ein *CustomerMutationResolver* im *resolver*-Package anzulegen.

Listing 9–17
Implementierung des CustomerMutation-Resolver

```
@Service
public class CustomerMutationResolver
    implements GraphQLMutationResolver {

  private CustomerService customerService;

  public CustomerMutationResolver(
      final CustomerService customerService) {
    this.customerService = customerService;
  }
  public Customer registerCustomer(
      final String firstname, final String lastname) {
    return customerService
        .registerCustomer(firstname, lastname);
  }
}
```

Hier erfolgt nach der Registrierung des *CustomerService* zur Initialisierung lediglich das Auflösen der definierten Mutation in den Serviceaufruf.

Ein Neustart der Applikation sollte nun das erfolgreiche Registrieren von Kunden wie in Abbildung 9–4 über GraphiQL ermöglichen.

Abb. 9–4 Registrieren eines neuen Kunden über die Mutation

9.2.2 Adressen löschen

Als Nächstes müssen Adressen gelöscht werden können. Das ist jedoch recht einfach: Eine ID als Parameter identifiziert den betroffenen Kunden, eine weitere das zu löschende Objekt. Ein Boolean-Rückgabewert gibt an, ob die Aktion erfolgreich war.

Auch hier kann, um die *schema.graphqls*-Datei zu reduzieren, eine neue *address.graphqls*-Datei im *schema*-Ordner erzeugt und mit dem adressrelevanten Teilschema gefüllt werden.

Listing 9–18 *Teilschema-Definition des Address-Typs in address.graphqls*

```
extend type Mutation {
  deleteAddress(customerId: ID!, addressId: ID!): Boolean
}

type Address implements Node {
  id: ID!
  receiver: String
}
```

Um die Funktionalität des Löschens abbilden zu können, bedarf es noch der Erweiterung des Services. Da Adressen nur in der Relation zu Kunden existieren, kann hierfür der *CustomerService* erweitert werden.

Listing 9–19 *CustomerService um Adresslöschung erweitern*

```
public Boolean deleteAddress(
    String customerId, String addressId) {
  Customer customer = getCustomer(customerId);
  int customerIndex = customerData.indexOf(customer);
  if (customer == null) return false;
```

```
  customer.setAddresses(
      customer.getAddresses()
          .stream()
          .filter((a) -> !a.getId().equals(addressId))
          .collect(Collectors.toList()));
  customerData.set(customerIndex, customer);
  return true;
}
```

Zuerst wird überprüft, ob ein Kunde mit der angegebenen ID existiert. Ist das nicht der Fall, ist die Mutation bereits gescheitert. Alternativ werden die Adressen des Kunden durch die gefilterte Adressenliste sowie anschließend das Kunden-Objekt im Testdatenset selbst überschrieben.

Um das Ausführen zu können, bedarf es der `getAddresses`-Methode im *Customer*-POJO, die einfach das `addresses`-Feld des Kunden mit einem `addresses`-Parameter vom gleichen Typ überschreibt.

Zu guter Letzt benötigt die Mutation wie bei der `registerCustomer`-Mutation zum Auflösen noch einen *GraphQLMutationResolver*. Diesmal mit der Bezeichnung *AddressMutationResolver*. Dieser wird im *resolver*-Package erzeugt und löst die im Schema deklarierte Mutation durch den entsprechenden Serviceaufruf auf.

Listing 9–20
Implementierung des AddressMutationResolver

```
@Service
public class AddressMutationResolver
    implements GraphQLMutationResolver {

  public CustomerService customerService;

  public AddressMutationResolver
      (CustomerService customerService) {
    this.customerService = customerService;
  }

  public boolean deleteAddress
      (String customerId, String addressId) {
    return customerService.deleteAddress(customerId, addressId);
  }
}
```

Damit ist die Implementierung der Löschfunktion abgeschlossen, und die Mutation kann nach einem Neustart der Applikation über GraphiQL getestet werden.

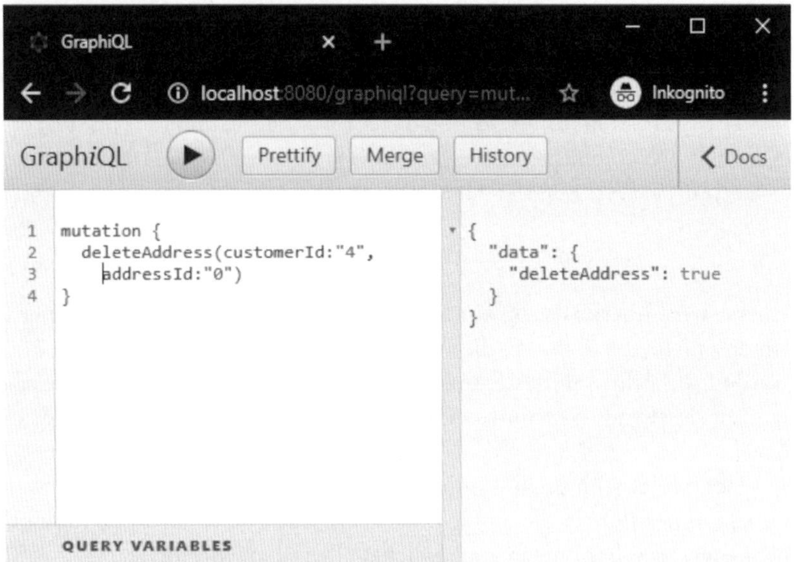

Abb. 9–5
Löschen einer Adresse eines Kunden über die Mutation

9.2.3 Adressen erstellen: Input-Typen

Neben dem Löschen müssen Adressen jedoch auch erzeugt werden können. Hierfür würde sich ebenso wie bei der Kundenregistrierung eine `create*`-Mutation mit den einzelnen Feldern als Parameter anbieten. Da eine Adresse jedoch jede Menge verschiedener Felder hält, wäre der Methodenkopf dieser Mutation recht lange.

Es ist wesentlich besser, für die zu erstellende Adresse einen *Input Type* zu deklarieren (siehe Kapitel 3.3.6). Dieser muss zuerst im Adressschema definiert werden. Anschließend kann eine `createAddress`-Mutation diesen neuen Typ als Parameter verwenden.

Listing 9–21
AddressInputType-Definition im Adressschema

```
extend type Mutation {
  deleteAddress(customerId: ID!, addressId: ID!): Boolean
  createAddress(addressInput: AddressInput): Address
}
input AddressInput {
  customerId: ID!
  receiver: String!
}
...
```

Anders als der eigentliche `Address`-Typ, hält der `AddressInput`-Typ keine eigene ID, da er auch nicht vom `Node`-Interface ableitet, sondern die ID des zugehörigen Kunden.

Dieser Input-Typ muss zur Verwendung auf dem Server noch als POJO implementiert werden. Hierfür wird im *model*-Package die *AddressInput*-Klasse mit allen Feldern aus der Typdefinition im Schema sowie einem füllenden Konstruktor und entsprechenden Gettern erzeugt.

Listing 9–22
AddressInput-POJO-Implementierung

```
package com.example.graphshop.model;

public class AddressInput {
  private String customerId;
  private String receiver;

  public AddressInput(String customerId,
      String receiver) {
    this.customerId = customerId;
    this.receiver = receiver;
  }
// Getter for every field above
...
```

Nun kann das Input-Objekt im *CustomerServer* verwendet werden, um die gewünschte Adresse zu erzeugen. Ähnlich dem Löschen erfolgt hier die Abfrage des im Input-Objekt angegebenen Kunden. Anschließend wird die neue Adresse erzeugt, die Adressliste des Kunden erweitert, und dieser letztendlich in den Beispieldaten überschrieben. Das Input-Objekt dient dabei als Datenquelle für die neue Adresse.

Listing 9–23
Adresserstellung im CustomerService implementieren

```
public Address createAddress(AddressInput addressInput) {
  Customer customer =
      getCustomer(addressInput.getCustomerId());
  int customerIndex = customerData.indexOf(customer);
  if (customer == null) return null;

  Address newAddress = new Address(
      addressInput.getReceiver());

  List<Address> newAddresses = customer.getAddresses();
  newAddresses.add(newAddress);
  customer.setAddresses(newAddresses);
  customerData.set(customerIndex, customer);
  return newAddress;
}
```

Zu guter Letzt muss die Mutation noch im *AddressMutationResolver* auf die Servicemethode aufgelöst werden.

Listing 9–24 *Mutation im AddressMutationResolver auflösen*

```
public Address createAddress (AddressInput addressInput) {
  return customerService.createAddress(addressInput);
}
```

Damit ist die Mutation implementiert und kann mit einem Neustart der Applikation in GraphiQL getestet werden. Wie in Abbildung 9–6 zu sehen, füllt die Mutation mit den Werten des *AddressInput*-Objekts die neue Adresse.

Abb. 9–6 *Anlegen einer neuen Adresse für einen Kunden*

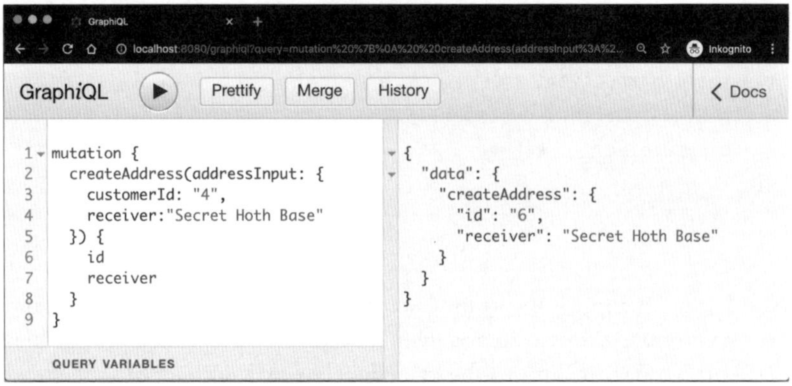

9.2.4 Bestellung erstellen: verschachtelte Input-Typen

Die Mutation zur Erstellung einer Bestellung folgt dem gleichen Muster wie bei der Adresse. Da beide jedoch in einer Relation zueinander stehen, handelt es sich beim `OrderInput` um einen verschachtelten Input, da Input- und Output-Typen nicht gemischt werden dürfen.

Zuerst kann jedoch auch für die Bestellung ein Teilschema in *resources/schema/order.graphqls* erstellt werden. In diesem erfolgt anschließend neben dem eigentlichen `Order`-Typ die Definition des verschachtelten Input-Typs sowie die Mutation.

Listing 9–25 *Definition des Order-Teilschemas in order.graphqls*

```
extend type Mutation {
  createOrder(orderInput: OrderInput): Order
}
input OrderInput {
  customerId: ID!
  deliveryaddressId: ID
  deliveryaddress: AddressInput
  price: Float
}
```

```
type Order implements Node {
  id: ID!
  deliveryaddress: Address!
  price: Float
  deliverydate: GraphQLDate
  isDelivered: Boolean
}
```

Der `OrderInput`-Typ hält zwei Möglichkeiten zur Verknüpfung mit einer Adresse: entweder durch die ID einer existierenden oder das Erzeugen einer neuen Adresse durch den `AddressInput`-Typ. Um das auf dem Server abbilden zu können, bedarf es der Implementierung des *OrderInput*-POJOs im *model*-Package als Spiegelung der Typdefinition.

Listing 9–26
Implementierung des OrderInput POJOs

```
package com.example.graphshop.model;

public class OrderInput {
  private String customerId;
  private float price;
  private String deliveryaddressId;
  private AddressInput deliveryaddress;

  public OrderInput(String customerId,
      float price,
      String deliveryaddressId,
      AddressInput deliveryaddress) {
    this.customerId = customerId;
    this.price = price;
    this.deliveryaddressId = deliveryaddressId;
    this.deliveryaddress = deliveryaddress;
  }
// Getter for every iield above
...
```

Um dem Kunden eine neu erstellte Bestellung zuweisen zu können, muss das *Customer*-POJO zudem noch um eine `addOrder`-Methode erweitert werden.

Listing 9–27
AddOrder-Methode im Customer POJO

```
public void addOrder(String orderId) {
  this.orderIds.add(orderId);
}
```

Um die Persistenz der Testdaten des Nutzers zu vereinfachen, ist zudem der *CustomerService* zu erweitern. Hier soll eine `saveCustomer`-Methode einen existierenden Kunden überschreiben, oder einen neuen zum bestehenden Datensatz hinzufügen.

Listing 9–28
Implementierung der saveCustomer-Methode im CustomerService

```
public void saveCustomer(Customer customer) {
  int index = customerData.indexOf(customer);
  if (index == -1) customerData.add(customer);
  else customerData.set(index, customer);
}
```

Anschließend kann die Logik zum Erstellen einer neuen Bestellung im *OrderService* implementiert werden. Dabei wird zuerst wieder auf die Existenz des zu verbindenden Kunden geprüft. Anschließend wird entweder eine bestehende Adresse anhand des Feldes `deliveryaddressId` gefunden oder aber über den *CustomerService* durch das `AddressInput`-Feld `deliveryaddress` eine neue erstellt. Sollte beides zu einem `null`-Objekt für die Adresse führen, ist die Anforderung einer Bestellung nicht erfüllt und die Mutation gescheitert.

Dann wird das neue *Order*-Objekt erzeugt und sowohl die Bestellung als auch der Kunde mit neuer `orderId`-Relation in den Testdatensets persistiert.

Listing 9–29
Implementierung der createOrder-Methode im OrderService

```
@Service
public class OrderService {

  private CustomerService customerService;

  public OrderService(CustomerService customerService) {
    this.customerService = customerService;
  }

...

  public Order createOrder(OrderInput input) {
    Customer customer = customerService.getCustomer(
        input.getCustomerId());
    if (customer == null) return null;

    Address address = null;
    if (input.getDeliveryaddressId() != null) {
      address = customer.getAddresses()
          .stream()
          .filter(a -> a.getId().equals(
              input.getDeliveryaddressId()))
          .findFirst().orElse(null);
    } else if (input.getDeliveryaddress() != null){
      address = customerService.createAddress(
          input.getDeliveryaddress());
```

```
    } if (address == null) return null;

    Order newOrder = new Order(input.getPrice(),
        address, LocalDate.now().plusDays(1));
    ORDER_DATA.add(newOrder);
    customer.addOrder(newOrder.getId());
    customerService.saveCustomer(customer);
    return newOrder;
}}
```

Zum Schluss muss durch eine neue *GraphQLMutationResolver*-Implementierung – dem *OrderMutationResolver* im Package *resolver* – noch die Verbindung zwischen der Mutationsdefinition im Schema und der Methode im Service hergestellt werden.

Listing 9–30
Implementierung des OrderMutationResolver

```
@Service
public class OrderMutationResolver
    implements GraphQLMutationResolver {

  private OrderService orderService;

  public OrderMutationResolver(OrderService orderService) {
    this.orderService = orderService;
  }

  public Order createOrder(OrderInput input) {
    return orderService.createOrder(input);
  }
}
```

Damit ist die Implementierung der Mutation abgeschlossen und sie kann nach einem Neustart der Applikation über GraphiQL getestet werden. Dabei ist es sowohl möglich, ganz einfach durch den `AddressInput`-Typ im Feld `deliveryaddress` des `OrderInput`-Typs eine neue Adresse anzulegen (Abbildung 9–7) als auch über das Feld `deliver!yaddressId` eine bestehende zu referenzieren.

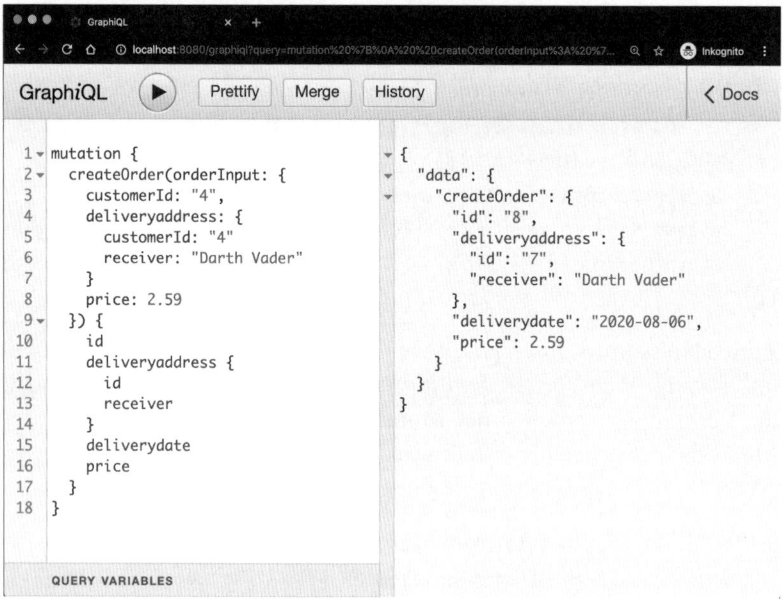

Abb. 9–7
Anlegen einer neuen Bestellung mit neuer Adresse für einen Kunden

Literaturverzeichnis

[1] Altair. *Altair-Website. https://altair.sirmuel.design/*, March 2020.

[2] Apigee. *Apigee Compass. https://transform.apigee.com/results/d7c0a8c0-1a7d-4948-bf2a-fb4eafa5cf8c*, 2020.

[3] APIs-Guru. *GraphQL Voyager auf GitHub. https://github.com/APIs-guru/graphql-voyager*, March 2020.

[4] APIs-Guru. *GraphQL-Voyager-Beispiel. https://apis.guru/graphql-voyager/*, March 2020.

[5] Apollo. *Apollo Cache Control auf GitHub. https://github.com/apollographql/apollo-cache-control*, 2020.

[6] Apollo. *Apollo-Graph-Manager-Website. https://www.apollographql.com/docs/graph-manager/*, March 2020.

[7] Apollo. *Apollo-Link auf GitHub. https://github.com/apollographql/apollo-link*, 2020.

[8] David Berlind. *APIs Are Like User Interfaces–Just With Different Users In Mind. https://www.programmableweb.com/news/apis-are-user-interfaces-just-different-users-mind/analysis/2015/12/03*, August 2017.

[9] J. Bloch. *A brief, opinionated history of the API*, 2014.

[10] Joshua Bloch. *How to Design a Good API and Why It Matters.* In *Companion to the 21st ACM SIGPLAN Symposium on Object-oriented Programming Systems, Languages, and Applications*, OOPSLA '06, Seiten 506–507. ACM, 2006.

[11] Mark Boyd. *Private, Partner or Public: Which API Strategy Is Best for Business? https://www.programmableweb.com/news/private-partner-or-public-which-api-strategy-best-business/2014/02/21*, 2014.

[12] Alistair Cockburn. *Writing effective use cases, The crystal collection for software professionals. Addison-Wesley Professional Reading*, 2000.

[13] Ira W. Cotton und Frank S. Greatorex, Jr. *Data Structures and Techniques for Remote Computer Graphics.* In *Proceedings of the December 9–11, 1968, Fall Joint Computer Conference, Part I*, AFIPS '68 (Fall, part I), Seiten 533–544. ACM, 1968.

[14] Mark Dugger. *Zen of Palm.* *http://designingmlearning.com/resources/ZenOfPalm.pdf*, 2020.

[15] Facebook. *DataLoader auf GitHub.* *https://github.com/graphql/dataloader*, 2020.

[16] Facebook. *Facebook-API.* *https://developers.facebook.com/docs/graph-api*, 2020.

[17] Facebook. *GraphQL-Best-Practice zu Autorisierung.* *https://graphql.org/learn/authorization/*, March 2020.

[18] Facebook. *GraphQL Specification. https://spec.graphql.org/*, June 2020.

[19] Facebook. *GraphQL-Website. http://graphql.org/*, 2020.

[20] Facebook. *GraphQL Website – Thinking in Graphs.* *https://graphql.org/learn/thinking-in-graphs/*, 2020.

[21] Roy T. Fielding und Richard N. Taylor. *Architectural Styles andthe Design of Network-based Software Architectures.* University of California, Irvine Doctoral dissertation, 2000.

[22] FlacheQL. *FlacheQL auf GitHub.* *https://github.com/FlacheQL/FlacheQL*, 2020.

[23] Google. *gRPC-Guide. https://grpc.io/docs/guides/*, 2020.

[24] Google. *gRPC-Website. https://grpc.io/*, 2020.

[25] Gradle. *Gradle-Download-Website. https://gradle.org/install/*, March 2020.

[26] Grafana. *Grafana-Website. https://grafana.com/*, March 2020.

[27] GraphQL-Java. *GraphQL-Java Engine auf GitHub.* *https://github.com/graphql-java/graphql-java*, March 2020.

[28] GraphQL-Java. *GraphQL-Java-Website.* *https://www.graphql-java.com/*, March 2020.

[29] GraphQL-Java. *GraphQL-Spring auf GitHub.* *https://github.com/graphql-java/graphql-java-spring*, March 2020.

[30] graphql-java kickstart. *GraphQL-Java-Kickstart auf GitHub.* *https://github.com/graphql-java-kickstart*, March 2020.

[31] Magnus Hallin. *graphdocs Shopify-API-Beispiel.* *https://2fd.github.io/graphdoc/shopify/checkout.doc.html*, March 2020.

[32] Magnus Hallin. *graphql-docs auf GitHub.* *https://github.com/mhallin/graphql-docs*, March 2020.

[33] Michi Henning. *API design matters. Communications of the ACM*, 52(5): 46–56, 2009.

[34] Andrew Hunt und David Thomas. *The pragmatic programmer: from journeyman to master.* Addison-Wesley Professional, 2000.

[35] Niantic Inc. *Ingress. https://www.ingress.com/*, August 2016.
[36] Niantic Inc. *PokemonGo. http://www.pokemongo.com/de-de/*, 2016.
[37] Daniel Jacobson, Greg Brail und Dan Woods. *APIs – A Strategy Guide*. O'Reilly, 2012.
[38] Dominik Kress. *Beispiel-Implementierungen auf GitHub. https://github.com/Rotfuks/GraphQL-Basics*, March 2020.
[39] Sunghoon Lee, Sanghee Lee, Sumi Lim, Jiyoung Jung, Sangho Choi, Neunghoe Kim und Jung-Been Lee. *An API Design Process in Terms of Usability: A Case Study on Building More Usable APIs for Smart TV Platform*. In *Computer Software and Applications Conference Workshops (COMPSACW), 2014 IEEE 38th International*, Seiten 567–571. IEEE, 2014.
[40] John Musser. *API Strategy Conference – API Business Models. https://de.slideshare.net/jmusser/j-musser-apibizmodels2013*, 2013.
[41] Node.js. *Node.js-Website. https://nodejs.org/de/*, March 2020.
[42] OpenJDK. *OpenJDK-Download-Website. https://openjdk.java.net/install/*, March 2020.
[43] Prisma-Labs. *GraphQL Playground auf GitHub. https://github.com/prisma-labs/graphql-playground*, March 2020.
[44] ProgrammableWeb. *Website des ProgrammableWeb. https://www.programmableweb.com/*, August 2017.
[45] Fede Ramirez. *graphdoc auf GitHub. https://github.com/2fd/graphdoc*, March 2020.
[46] Martin Reddy. *API Design for C++*. Academic Press, 2011.
[47] Relay-Project. *GraphQL Cursor Connections Specification. https://facebook.github.io/relay/graphql/connections.htm*, March 2020.
[48] Patricio Robles. *Netflix Closing Public API Later this Year. https://www.programmableweb.com//news/netflix-closing-public-api-later-year/2014/06/14*, June 2014.
[49] Wendell Santos. *ProgrammableWeb API Directory Eclipses 17.000 as API Economy continues Surge. https://www.programmableweb.com/news/programmableweb-api-directory-eclipses-17000-api-economy-continues-surge/research/2017/03/13*, March 2017.
[50] Thomas Scheller und Eva Kühn. *Automated measurement of API usability: The API concepts framework. Information and Software Technology*, 61: 145–162, 2015.
[51] Schema.org. *Schema.org-Website. http://schema.org/*, 2020.

[52] Schrack-Technik. *Informationen zu Elektromobilität. https://www.schrack-technik.de/alternativ-energie/elektromobilitaet/infos-emobilitaet/*, October 2017.

[53] ISO/IEC JTC 1/SC 7 Software und Systems Engineering. *ISO/IEC 9126. https://www.iso.org/standard/22749.html*, June 2001.

[54] Ian Sommerville. *Introduction to software Engineering. Addison-Wesley*, 2007.

[55] Kai Spichale. *API-Design - Praxishandbuch für Java- und Webservice-Entwickler*. dpunkt.verlag, 2017.

[56] Spring. *Spring-Initializier-Website. https://start.spring.io/*, March 2020.

[57] Jaroslav Tulach. *Practical API design: Confessions of a java framework architect*. Apress, 2008.

[58] Twitter. *Twitter-API. https://dev.twitter.com/overview/api*, 2020.

[59] D. J. Wheeler. *The Use of Sub-routines in Programmes*. In *Proceedings of the 1952 ACM National Meeting (Pittsburgh)*, ACM '52, Seiten 235–236, Pittsburgh, Pennsylvania, 1952. ACM.

[60] Karl E. Wiegers. *More about Software Requirements*. Microsoft Press, 2006.

Index

In diesem Beispielregister verweist eine Seitenzahl in **fetter** Schrift auf die Einführung und Erklärung eines Begriffs, Tags oder Attributs. Mit normaler Schrift sind Seiten gekennzeichnet, auf denen ein Begriff genannt wird, zusätzliche Informationen stehen oder ein Tag oder Attribut in einem Beispiel Anwendung findet.